VICTOR FOURNEL

LA DÉPORTATION DES MORTS

LE PRÉFET DE LA SEINE

ET LES

CIMETIÈRES DE PARIS

PARIS
ARMAND LE CHEVALIER, ÉDITEUR
61, RUE RICHELIEU, 61

1870

LA

DÉPORTATION DES MORTS

Si nous venons parler encore, après tant d'autres, de M. le préfet de la Seine, ce n'est point pour notre agrément, non plus que pour le sien. Quel que soit le soulagement que puisse éprouver un habitant de Paris, un contribuable de l'Hôtel de Ville et un voisin du Luxembourg, à dire, même en termes discrets, son avis sur M. Haussmann[1], ses pompes et ses œuvres, nous donnerions beaucoup pour être délivrés de cette consolation. On se fatigue aisément d'une lutte où l'on n'a que l'impuissance du droit à opposer à la brutalité du fait, et la raison du plus faible, avec son filet de voix, à la raison du plus fort ; où chaque protestation du bon sens et de la justice provoque une réplique triomphante de l'arbitraire, et où chaque argument est réfuté par un coup nouveau. Si M. le préfet est las de nos critiques, nous sommes beaucoup plus las encore de ses actes.

Dans la situation morale que les derniers débats et les dernières réformes ont faite à M. Haussmann, il pourrait

[1] Nous disons M. Haussmann pour désigner le système, car c'est en lui qu'il s'incarne, et nous n'aimons point à nous battre contre des abstractions ; s'il y a quelqu'un derrière, il n'est *responsable* que « devant l'histoire, » et c'est bien long pour les besoins de la polémique. Nous aurons peut-être le malheur de l'atteindre, mais sans avoir l'imprudence de le viser.

sembler peu généreux de s'attaquer à lui si elle avait changé quelque chose à sa situation matérielle, et s'il ne s'agissait, d'ailleurs, d'un intérêt supérieur à sa personne. On se ferait scrupule de frapper un homme à demi renversé, mais M. le préfet ressemble au géant de la Fable : il ne paraît toucher la terre un moment que pour y reprendre de nouvelles forces. C'est pour lui qu'on peut dire, en intervertissant le mot de Mirabeau, que la roche Tarpéienne est toujours proche du Capitole. Versant des torrents de poussière sur ses obscurs blasphémateurs, il contemple, avec la dédaigneuse sérénité d'un dieu qui se sent sûr de l'amitié de Jupiter, et la Chambre qui le censure, mais qui vote les frais de son culte, et les ministres qui le désavouent en tremblant, mais pour venir le lendemain désarmer sa colère en faisant amende honorable à ses pieds.

Ce préfet colossal trouve moyen de se surpasser chaque jour et d'effacer son caprice de la veille devant sa fantaisie du lendemain. Il démolissait les maisons pour ouvrir des boulevards, il démolira les tombes pour livrer passage à un viaduc; à l'expropriation des vivants succèdent l'expropriation des morts et la déportation des cadavres, centralisés, loin des yeux qu'importunent ces lugubres spectacles, dans une nécropole qui sera le Botany-Bay des Parisiens décédés.

Même parmi ceux qui se font la plus haute idée des audaces de M. Haussmann et savent le mieux que son caprice n'a d'autres bornes que sa volonté, laquelle n'en a point du tout, quelqu'un eût-il jamais, il y a cinq ou six ans, osé s'imaginer que M. le préfet en viendrait un jour à traiter les tombeaux comme des moellons, et pu croire qu'il voudrait exiler les morts, en ouvrant à 5 ou 6 lieues de Paris un enclos abandonné des vivants et des souvenirs, comme s'exprime Chateaubriand? Quiconque aurait prédit ce que nous voyons aujourd'hui, eût été regardé comme insultant au bon sens plus encore qu'à notre premier magistrat municipal, et un avertissement n'eût certes pas suffi pour réprimer cette excitation à la haine et au mépris du gouvernement. Eh bien, c'est M. Haussmann qu'il eût fallu poursuivre de ce chef, M. Haussmann qui, depuis dix-sept ans, s'étudie à lasser la critique, à dépasser l'espoir des ennemis de l'empire, et à tendre sans mesure, au risque de la faire casser violemment, la corde de l'arbitraire et de la dictature.

Je supplie donc mes lecteurs de surmonter la répugnance que peut inspirer à la faiblesse de la nature un sujet funèbre. A mes yeux, c'est ici la plus grave des questions soulevées jusqu'à présent par une administration néfaste, celle où se trouve le plus profondément compromis un intérêt moral supérieur à tous les intérêts matériels. Des hommes, des chrétiens, doivent avoir le courage de souffrir qu'on leur parle mort et tombeaux sans puériles périphrases et sans baisser la voix.

I

Il importe d'abord de tracer un rapide historique de la question du bannissement des morts, qui sera en même temps un exposé des motifs et un exposé du système, qui fera connaître à la fois le plan de l'administration et les diverses phases traversées par l'affaire, depuis son origine jusqu'au moment actuel. Pour atteindre ce but, il est nécessaire d'entrer dans quelques détails minutieux et précis, que le lecteur voudra bien me pardonner. Cet exposé sera déjà très-instructif par lui-même, et les réflexions qu'il amènera chemin faisant soulageront d'autant la part de la discussion générale.

C'est pour obéir aux prescriptions de la loi, comme à la nécessité la plus impérieuse, que l'administration se voit forcée, dit-elle, de rejeter les cimetières en dehors de l'enceinte parisienne. Dans leur état actuel, ils sont insuffisants et insalubres ; il s'agit donc d'une œuvre d'assainissement et de prévoyance. Depuis l'annexion de la banlieue surtout, cette double nécessité, matérielle et légale, devenait chaque jour plus évidente, et la translation des cimetières a pris toutes les proportions d'une grande mesure de salut public.

Voilà ce que dit l'administration, et voici ce que répond le bon sens. Sur le terrain légal, l'urgence dont on argue existe si peu que, lors de l'annexion de la banlieue, en 1860, on n'en a pas dit un mot, pas plus dans le camp administratif que dans le camp de l'opposition. C'est seulement quatre ou cinq ans après, que M. le préfet commence à songer aux prescriptions du décret du 23 prairial an XII, et à s'apercevoir d'une nécessité tellement criante qu'elle eût dû lui sauter aux yeux tout d'abord, à moins qu'il n'eût en ce moment, pour être aveugle, de bonnes raisons qu'il a perdues depuis. Alors il met la question à l'étude, et, après l'avoir bien retournée sous toutes ses faces, il trouve un plan, un très-beau plan — un plan qui me semble d'autant plus remarquable qu'il était absolument opposé à son idée actuelle et tout à fait conforme à celle que nous soutenons contre lui. Comme on va le voir, en effet, ce n'est pas seulement à l'opinion publique, mais à l'administration elle-même que nous en appelons du projet administratif, et il faut savoir gré à l'édilité parisienne, paternelle jusque dans ses rigueurs, de ménager si souvent cette consolation à ses victimes.

Rien n'empêcherait donc, au point de vue de la tolérance légale, de continuer encore la marche qu'on n'a pas abandonnée depuis plus de neuf ans, tout en proclamant qu'il est impossible de la suivre un jour de plus. Mais, entrant dans le détail, l'administration et ses défenseurs ajoutent : Presque tous les cimetières des communes de la banlieue annexée sont fermés dès aujourd'hui, les autres ne tarderont point à subir le même sort par la force des choses. Quant aux cimetières de l'ancien Paris, celui de Montmartre sera rempli dans dix-huit mois et celui de Montparnasse auparavant. Il est vrai que le Père-la-Chaise garde une plus grande surface disponible, mais il doit naturellement partager le sort commun, car il serait insuffisant à lui seul, et l'on n'en peut ouvrir d'autres dans l'enceinte des fortifications. D'ailleurs le voisinage en est dangereux : Montmartre surtout soulève des plaintes unanimes de la part des populations riveraines, et, en cas d'épidémie, il deviendrait un véritable foyer d'infection. La fermeture immédiate des cimetières actuels et leur remplacement est donc le complément indispensable de l'œuvre commencée par le grand égout collecteur.

Je prie le lecteur de croire que cette heureuse comparaison, exprimée d'une façon si exquise, n'est pas de moi, mais du principal champion de M. le préfet. Je me reconnais absolument incapable de m'élever à cette hauteur de délicatesse et de beau langage, et ne puis que m'écrier avec l'admiration séante :

> Dieu! qu'en termes galants ces choses-là sont mises !

Mais, si je résiste à la tentation de faire ressortir combien le style s'harmonise naturellement avec la pensée qui l'inspire, il me sera permis du moins de répondre, par pur amour du vrai, qu'il y a bien là quelque petite violence faite à la réalité. Selon M. Feydeau, le plus habile et le plus éloquent défenseur du projet municipal (c'est lui qui le donne à entendre), le Père-la-Chaise ne pourrait plus suffire que pour trois années aux inhumations[1];

[1] Pour deux ans aujourd'hui, car il y a déjà un an que M. Feydeau écrivait ceci. *La Question des morts*, II, dans *la Liberté* du 9 novembre 1868.

mais, d'après les calculs d'un homme un peu plus compétent que l'auteur de *Fanny*, puisque c'est l'administrateur des pompes funèbres en personne, il lui reste assez de place pour près d'un demi-siècle[1]. Ce léger écart méritait d'être relevé au passage, ne fût-ce que pour donner une idée, en attendant mieux, de l'attention et de l'autorité de nos adversaires. Ajoutez-y les cinq ou six cimetières des anciennes communes de banlieue, dont la plupart peuvent recevoir encore pendant quelques années leurs funèbres dépôts et sont susceptibles, d'ailleurs, d'un agrandissement plus ou moins considérable.

Reste la question d'insalubrité, — un mot dont la puissance est connue. La peur ne raisonne pas, elle rend féroce, et, en essayant de discuter cette énorme hyperbole, on deviendrait aussitôt suspect de connivence avec l'ennemi et d'attentat contre la santé populaire. Pendant les premiers jours du choléra de 1832, quiconque eût entrepris de prouver aux Parisiens affolés que la peste n'était point l'œuvre d'une bande d'empoisonneurs, eût risqué de se faire prendre pour leur complice, et l'on sait qu'un magistrat dénonça les *carlistes* dans une proclamation fameuse, absolument comme M. Haussmann dénonce les morts, pour sauver la réputation de sa ville et les prétentions de haute salubrité qu'il attache à ses travaux.

Peut-être néanmoins est-il permis de faire observer que M. le préfet, avant de s'appuyer sur un pareil motif, eût pu veiller avec plus de prévoyance à ce qu'il ne se produisît pas. S'il se fût seulement occupé de l'assainissement des cimetières autant que de celui des casernes, par des moyens que les chimistes de la commission municipale lui indiqueront mieux que moi, l'hygiène publique serait absolument désintéressée dans une question qu'elle risque aujourd'hui de dénaturer[2]. Au tort d'avoir, en préparant

[1] Léon Vafflard, *de la Translation des cimetières de Paris*, broch. in-4, 1864, p. 16.

[2] Sur l'emploi des moyens chimiques et le rôle de la végétation pour

l'annexion de la banlieue, oublié une loi pour laquelle on s'est pris si tard d'un amour un peu suspect, et de n'avoir point prévu à temps les conséquences d'une pareille mesure, l'administration joint la faute plus grave de ne savoir ou de ne vouloir rien faire, depuis plusieurs années, pour pallier du moins, si elle ne peut les réparer en entier, les résultats de son imprévoyance. Faut-il croire qu'elle laisse subsister cet état de choses comme une pression utile à ses projets?

Hygiène et salubrité! ces mots répondent à tout. Et c'est pour l'hygiène qu'on veut remplacer huit cimetières par un seul, où viendront s'entasser en quarante ans des millions de corps! C'est pour la salubrité qu'on le fera desservir par un chemin de fer unique, commun aux touristes et aux visiteurs en deuil, aux vivants et aux morts, où, par les temps d'épidémie, des centaines de cercueils devront être entassés dans chaque train, côte à côte avec des centaines de parents et d'employés des pompes funèbres!

Mais, dans la première phase de l'idée municipale, il n'était question de rien de pareil. Ce cimetière unique, rejeté à 25 kilomètres de Paris, n'était pas encore éclos dans la cervelle du Jupiter de l'Hôtel de Ville. A la vérité, quelques songe-creux, quelques esprits chimériques, comme il en rôde toujours autour des palais des grands, venaient assaillir M. le préfet de projets « plus ingénieux que pratiques, » où dominait la *fantaisie*, mais qui « se recommandaient à l'attention (du Jockey-Club, sans doute) par leur qualité d'importation anglaise. » Celui-ci laissait dire et n'avait garde de s'arrêter à ces folies, dont il comprenait parfaitement l'impossibilité.

Il s'agissait donc seulement alors de transférer les cime-

l'assainissement du sol et de l'air dans les cimetières, on peut voir les articles de M. Arrault, dans *le Siècle* et *la Patrie;* la brochure du docteur Lemaire: *le Cimetière de Méry-sur-Oise;* celle du docteur Robinet : *Paris sans cimetière*, etc.

tières en dehors des fortifications, le plus près possible de Paris. On avait cherché, à partir du mur d'enceinte, les terrains propres à l'ouverture des nouvelles nécropoles, et on les avait découverts sans peine. Cette première phase a son expression dans la brochure, actuellement rarissime et à peu près introuvable, publiée en 1864 par M. Léon Vafflard[1], directeur des pompes funèbres, et comme tel, chargé, dans la question des morts, de traduire la pensée avant d'exécuter la décision de l'administration préfectorale, « qui veille, avec une sollicitude toujours si prévoyante et si éclairée, au bien-être des habitants de cette grande cité. » C'est à cette inestimable brochure, imprimée dans le format administratif, chez l'imprimeur ordinaire de la préfecture, que nous avons emprunté plus haut et que nous emprunterons encore les appréciations du projet définitif de M. le préfet, exprimées par l'organe, repentant depuis, de M. le préfet lui-même. Le rapporteur d'une pétition adressée au Sénat a bien essayé timidement de protester contre la confusion qui se faisait, en cette circonstance, entre la direction des pompes funèbres et la préfecture de la Seine; mais il faut rendre cette justice à M. Haussmann qu'il n'a jamais eu l'ingratitude de désavouer son agent et son interprète, l'homme attaché à sa fortune, fidèle à ses évolutions, contraint par état d'en adopter et d'en servir tous les plans, et qui n'eût certes pas manqué de se rallier, en 1864, à l'idée d'un cimetière unique et lointain, s'il en eût pu prévoir le triomphe, comme il s'y est rallié en 1867, dès qu'elle eut remporté dans l'esprit de M. Haussmann une victoire si invraisemblable ou du moins si inattendue. Cette fois, comme l'autre, il a été le truchement de la préfecture, et ce n'est point sa faute si la première apologie fait tort à la seconde.

Quand même la brochure ne serait que l'expression per-

[1] *De la Translation des cimetières de Paris*, in-4.

sonnelle des opinions et des études de l'auteur, son importance resterait considérable en raison des fonctions spéciales dont il est revêtu, et il demeurerait acquis au débat qu'après avoir attentivement examiné la question tant qu'il était libre de se prononcer, nul n'a condamné en termes plus sévères et plus absolus, au double point de vue matériel et moral, une mesure qu'il est mieux à même que tout autre de juger.

Mais une raison secrète allait enfouir tout à coup ce projet, au moment où il se disposait à affronter l'enquête publique, dans les oubliettes de l'Hôtel de Ville. L'imprudente brochure avait à peine vu le jour, qu'un mystérieux coup de vent faisait tourner l'esprit mobile de M. le préfet. Quels puissants motifs, quels arguments ou quels hommes avaient pu l'éclairer si vite? Après l'avoir converti au plan radical qu'il rejetait la veille, qui avait su diriger adroitement ses yeux sur un emplacement si peu connu dans l'histoire? Le changement de système avait-il précédé et déterminé le choix de Méry, ou ne serait-ce pas ce choix, par suite de circonstances enveloppées d'une ombre épaisse, qui aurait été le point de départ du changement de système? Il serait difficile de le dire, à supposer même qu'il ne fût point impossible de le savoir.

Quoi qu'il en soit, si nous nous en rapportons à une lettre de M. le maire de Méry, qui a toutes sortes de raisons valables pour être bien informé, c'est vers la fin de l'année 1865, ou plutôt au commencement de 1866, que la ville de Paris commença les acquisitions destinées à l'établissement du futur cimetière. L'opération se poursuivit tant qu'elle put dans un silence prudent; elle fut si diplomatiquement conduite, que cette pauvre ville de Paris elle-même avait déjà acheté pour quelques cent mille francs de terrains avant de s'en douter. — Mais la commission municipale? — Je l'oubliais. M. Haussmann l'oubliait aussi; non pourtant qu'elle fût bien gênante, mais elle aurait pu causer. Jusqu'alors M. Haussmann s'était passé du Corps législatif ; on l'en avait grondé, et pour prouver qu'il s'amendait, il se passait cette fois de son conseil. Tout au plus y avait-il de par le monde, pour suivre une affaire si bien menée, quelque chef de division de l'Hôtel de Ville, trié sur le volet, et cet excellent maire de Méry, propriétaire de terrains et de carrières sur les lieux choisis par l'œil d'aigle du préfet ; — modèle des magistats municipaux, qui, dans son ardeur à servir les intérêts de sa commune et ceux de la ville de Paris, se faisait l'infatigable agent du grand projet, et achetait sous main les lots nécessaires, plus tard revendus par lui avec le bénéfice honnête et légitime que comporte toute opération commerciale.

On a cité divers exemples fort intéressants de ces opérations. L'un des plus mémorables est celui de certain bois — le bois de Montarcis — acquis pour 18,000 fr., en décembre 1865, par l'intermédiaire zélé de M. le préfet, et revendu par lui 50,000 fr. à M. le préfet, je veux dire à la ville, dans la première quinzaine d'avril 1867. Mais des esprits légers auraient tort d'en rien conclure, car le maître, sans démentir la chose, l'a expliquée avec sa netteté ordinaire par un communiqué au *Journal des Débats*, qui l'avait révélée le premier. Voici ce curieux spécimen de l'argumentation préfectorale, dont je ne veux point faire tort au lecteur.

«... L'administration n'aurait eu aucune chance d'obtenir la cession amiable de la très-majeure partie des terrains qui lui étaient nécessaires, si elle n'avait offert aux détenteurs *une certaine* plus-value (*une certaine* est joli) sur le prix que tout autre acquéreur aurait pu leur donner, et, à plus forte raison, sur le prix payé par eux-mêmes à leur vendeur.

« A cet effet, des tarifs (ah ! les bons tarifs !) ont été arrêtés pour chaque commune, selon les diverses natures et la situation des terrains, et ils ont été appliqués à tous les contrats réalisés.

« L'administration municipale n'avait pas dès lors à se préoccuper des faits antérieurs à sa propre acquisition, ni à rechercher s'ils permettraient à *tel ou tel* de ses vendeurs de réaliser *tel ou tel* bénéfice. » (Ces deux *tel ou tel* sont charmants.)

« Il lui suffisait de savoir qu'elle était en présence des propriétaires réels, et non de personnages ayant acquis conditionnellement, pour les lui revendre, les terrains qu'ils lui cédaient. »

La perspicacité est une bien belle chose, puisqu'elle a permis à *tel ou tel*, et notamment à M. le maire de Méry, d'acquérir sans condition, en 1865, un bois qu'il a revendu, trois à quatre mois plus tard, avec un bénéfice *tel ou tel*, et particulièrement des deux tiers. Ce résultat magnifique fait un égal honneur à la capacité administrative de M. le maire, même considéré comme simple citoyen, et à la rondeur de M. le préfet en affaires. Et si le premier magistrat de Méry gère les deniers de sa commune avec autant d'habileté que les siens, je demande qu'on ne lui fasse pas trop attendre la croix qu'il a si bien gagnée. Mais je conçois en même temps que ces royales façons aient ouvert l'esprit aux propriétaires des parcelles qui restent à acquérir pour compléter le périmètre du cimetière, et que ces messieurs, affriandés, se tiennent sur la défensive, avant de lâcher des lopins de terre qui valent désormais leur pesant d'or.

M. le maire de Méry a cru devoir se défendre également dans une lettre adressée aux *Débats* : il n'en avait vraiment pas besoin. Dieu nous garde d'attaquer une conduite aussi naturelle que la sienne! Aucun article du code ne défend de mener de front le dévouement aux intérêts publics et à ses affaires personnelles.

S'il ne s'agissait ici que de M. le baron Haussmann, qui a le moyen de payer ses folies, nous trouverions tout naturel qu'il achetât 30,000 francs ce qui en vaut 18,000, sous le prétexte qu'il a fait arrêter (par qui? quand et comment ?) des tarifs selon les diverses natures et la situation des terrains. Mais comme ces tarifs nous regardent, nous avons le droit de les trouver singulièrement fantastiques dans leur origine et dans leur application. M. le préfet fera bien d'envoyer ses tarifs au contrôle.

Ainsi, tandis que Paris dormait tranquille, le cimetière était fait de pièces et de morceaux, achetés clandestinement sous prétexte d'économie. On vient de voir comme ce prétexte était heureusement justifié. C'est ce que M. le préfet appelle « devancer l'accomplissement des formalités ordinaires[1]. » Admirable euphémisme ! Traduit en langue vulgaire, cela veut dire simplement *violer la loi ;* mais il est clair que cette phrase serait brutale et dénuée de toute élégance. Au contraire, le verbe *devancer* appartient à la langue politique. M. Baroche a devancé la justice du peuple ; M. Rouher devança le télégraphe à la tribune, dans la fameuse dépêche qu'il opposa au discours de M. Thiers sur l'Allemagne ; M. Haussmann, plus modeste, se borne à devancer l'accomplissement des formalités ordinaires. Telle est sa spécialité, et il s'en acquitte à merveille.

Toutefois, en voyant l'effet qu'il avait produit et qui dépassait son attente, M. le préfet de la Seine essaya de revenir sur cet aveu par trop dénué d'artifice. Il se prétend autorisé par la loi du 3 mai 1841 : on lui répond que cette loi exige, comme une condition absolue des acquisitions à l'amiable, aussi bien que des expropriations, la déclaration préalable d'utilité publique. Il persiste, dans un *communiqué* nouveau, en indiquant cette fois l'article sur lequel il s'appuie : Ce n'est pas l'article 13, ni l'article 19,

[1] On dit encore : *anticiper sur*. Exemple : les travaux du Trocadéro ne sont pas une violation de la loi ; c'est une simple « anticipation, *si j'ose ainsi dire*, sur le projet apporté » plus tard. Voy. le discours de M. l'Hôpital, commissaire du gouvernement, dans la séance du 12 mars dernier. Le *Traité des synonymes gouvernementaux* est très-riche à cet article.

ni l'article 56, comme l'avaient cru d'ignorants journalistes, incapables de découvrir, même en s'y reprenant à trois fois, les principes qui dirigent sa conduite ; c'est l'article 58, « qui prévoit le cas d'acquisitions d'immeubles faites en vue de l'exécution ultérieure des projets d'utilité publique. » Les journalistes imprudents restèrent un moment atterrés sous cette foudroyante riposte, se demandant tout bas par quelle étourderie impardonnable un article si formel, si précieux pour M. Haussmann, qui semblait avoir été prévu dix ans d'avance par un législateur bénévole, avait pu leur échapper. Ils se le demanderaient encore si l'un d'eux, plus malin, ne s'était avisé d'une précaution élémentaire, dont on se trouve généralement bien dans les discussions avec M. Haussmann : il vérifia ce fameux article, où il ne s'agit d'autre chose que des « acquisitions amiables faites antérieurement aux arrêtés du préfet, » qu'il ne faut point confondre avec les décrets d'utilité publique. L'article 58 n'a pas bougé de la loi, et chacun peut le relire à son aise.

Cette fois, M. Haussmann ne répliqua rien, sans doute par magnanimité pure, car il est clair qu'il aurait découvert un autre article s'il eût voulu s'en donner la peine.

Évidemment les formalités *ordinaires* n'étaient point faites pour un préfet aussi *extraordinaire* : on l'a bien vu jusqu'au bout. Vous chercheriez en vain dans le compte général des recettes et dépenses de la ville de Paris pendant l'exercice 1867, la moindre trace de ces vastes opérations financières. Le compte est muet après l'achat, comme M. Haussmann l'a été avant. Il y a là des millions engagés, non-seulement sans autorisation, mais sans avertissement, avec toutes les allures d'une spéculation occulte et d'une société secrète. Dans la force complète du terme, la préfecture de la Seine a ourdi un *complot* pour faire enterrer les Parisiens à Méry.

Les mesures avaient été si bien prises que, pendant

plus d'un an peut-être, Paris ne soupçonna point ce qui se tramait contre ses morts. La première révélation qui lui en vint n'eut rien de volontaire. Elle partait des lieux mêmes et d'une autorité non suspecte ; mais le journal qui la reçut recula d'abord devant l'invraisemblance de la nouvelle, et il fallut une longue insistance pour le décider à l'accueillir sous forme dubitative. Elle obtint aussitôt l'honneur de beaucoup de dédains et de quelques démentis. Certains officieux s'indignèrent, d'autres haussèrent les épaules ; les fortes têtes sourirent. Comme tous les projets de M. Haussmann, celui-là débutait par soulever l'incrédulité générale avant d'exciter l'effroi des uns, l'admiration des autres, et ceux qui en soutenaient l'existence passaient pour des gens d'une légèreté incurable ou d'une passion égarée jusqu'à la perfidie.

Mais les révélations, affluant de toutes parts, ne tardèrent pas à convaincre les plus obstinés. On savait, par de précédentes expériences, comment M. le préfet de la Seine se joue des lois naïves et des gens plus naïfs encore qui comptent sur la loi pour l'arrêter. La discussion qui eut lieu au Sénat, le 10 janvier 1867, sur la pétition des fils de l'amiral Baudin, en donnant la juste mesure du respect de M. Haussmann pour les cimetières, ouvrit les yeux aux aveugles mêmes[1]. La polémique ne tarda pas à

[1] Malgré le renvoi de la pétition au ministre de l'intérieur, après le rapport non équivoque de M. Dariste; malgré la discussion postérieure du Corps législatif, où l'ordre du jour ne fut prononcé qu'à la majorité d'une voix, le plan qu'on croyait enterré a brusquement reparu dans ces derniers temps. Quand on croyait et quand on devait croire tout fini, on a tout à coup appris que la commission municipale avait voté le crédit nécessaire au déplacement et à la réinstallation, dans une autre partie du cimetière de Montmartre, des sépultures qu'il faudra supprimer pour poser les piliers du viaduc qui doit continuer à travers ce cimetière le boulevard de Clichy. Jamais M. Haussmann n'a reculé d'une semelle devant une manifestation quelconque des Chambres ou du sentiment public. Après un vote ou après une promesse qui le gêne, il se tient coi, fait le mort, tout en continuant ses approches souterraines, et lorsqu'on s'applaudit de l'avoir délogé, on s'aperçoit

s'engager dans les journaux, en même temps que deux pétitions nouvelles appelaient l'attention du grand corps conservateur sur la question du déplacement des cimetières et le projet de création d'une nécropole unique aux environs de Pontoise, projet considéré par les pétitionnaires comme « en opposition avec les habitudes des habitants de Paris, avec le culte qu'ils professent pour leurs morts, avec la décence et le respect dont les inhumations doivent être entourées, avec les sentiments des familles et avec l'opinion du clergé. »

Dans son rapport, déposé à la séance du 2 avril 1867, M. Boudet donnait les premiers renseignements officiels, si je puis m'exprimer ainsi, sur le plan conçu par M. le préfet de la Seine, et la population parisienne apprenait avec stupeur, en ouvrant *le Moniteur universel*, que « trois ingénieurs distingués *avaient* reçu la mission d'étudier un grand cimetière unique au point de vue géologique ; » que, « prenant en considération la nature et le prix du terrain, la facilité de l'accès par chemin de fer, ils *avaient* jeté les yeux sur un emplacement situé entre Méry-sur-Oise et Saint-Ouen-l'Aumône ; » qu'une commission, nommée, comme les ingénieurs, par M. le préfet, avait approuvé ces études et leur résultat ; enfin, que des terrains étaient déjà achetés pour une somme de 1 million de francs. Quant aux inconvénients signalés, « l'administration déclare bien haut que rien de tout cela n'est exact, et que les précautions les plus minutieuses seront prises pour qu'aucune atteinte ne soit portée au sentiment des familles, » etc.

qu'il est dans la place. Nous écrivions l'an dernier, à propos de la voie projetée à travers le cimetière Montmartre et de la visite impériale aux tombes menacées : « Il a fallu que l'empereur en personne vînt barrer la route à ce boulevard opiniâtre. Mais gare au moment où le maître aura le dos tourné ! Comme l'avare Achéron, M. Haussmann ne lâche point sa proie. » (*Paris nouveau et Paris futur*, 2e édit., Lecoffre.) Il est si facile d'être bon prophète en parlant de M. le préfet !

Trois jours plus tard, la discussion s'engageait. M. le baron Haussmann y brilla. Dès le début il s'y montra sublime. Avant tout, il tient à remercier la commission du soin extrême qu'elle a mis à l'examen d'une affaire très-difficile et très-délicate, et particulièrement l'honorable rapporteur, de son travail si complet et si substantiel. Ces messieurs ne tarissent pas en admirations, en félicitations, en compliments et en remerciments réciproques. — Mais la pétition lui fait une situation fausse :

« En effet, je ne saurais prétendre que l'affaire portée par les pétitionnaires devant le Sénat ne soit pas née (M. le préfet est bien bon), mais je dois déclarer qu'elle n'a pas encore revêtu sa forme définitive. »

Et M. Rouland, saisi de cette vérité éclatante, s'écrie : « C'est cela ! »

« On la porte devant le Sénat en premier ressort, reprend M. Haussmann encouragé ; mais c'est en dernier ressort qu'elle devrait y venir, après avoir suivi toute la filière des instructions administratives, des enquêtes officielles et d'une délibération du conseil d'État. C'est alors, et alors seulement, qu'on pourrait en saisir utilement le Sénat, pour réclamer, s'il y avait lieu, contre la décision intervenue. »

Si je saisis bien cette admirable théorie, il ne faut point pétitionner contre une mesure administrative tant qu'elle reste à l'état de projet, parce qu'alors il n'y a rien de fait ; il faut attendre que la décision soit intervenue, c'est-à-dire que la chose soit faite. Dans le premier cas, on répond au pétitionnaire : « Vous vous pressez trop ; il n'est pas temps encore ; » dans le second on lui répondra : « Il n'est plus temps : que ne vous pressiez-vous davantage ! »

Je conçois, effectivement, que si les pétitionnaires avaient le bon goût de suivre une marche si simple, ils ne placeraient point M. le préfet de la Seine dans une *position fausse*.

« D'un autre côté, reprend M. le baron Haussmann,

l'enquête n'est pas une vaine formalité; elle est faite pour l'instruction de l'administration même. Le devoir de celle-ci est donc de n'arrêter son opinion qu'après ce préliminaire accompli. »

Nous savons, il est vrai, que M. Haussmann aime beaucoup à *devancer* les préliminaires. Mais il n'en suit pas moins de là que, en déléguant ses trois ingénieurs distingués, — car ce n'est pas lui qui a choisi l'emplacement de Méry-sur-Oise, bon Dieu! ce sont les ingénieurs! — en faisant approuver le résultat de leurs études par sa commission, et en achetant pour 1 million de terrains à Méry, il n'avait pas *arrêté son opinion*. Non, il *devançait* simplement les *formalités ordinaires !*

M. Haussmann insistait avec onction sur cette idée consolante : « Nous ne demandons qu'à être éclairés, instruits, dirigés. Nous le serons, je l'espère, par les résultats de l'enquête et de nos délibérations. » Et pour prouver tout le calme, toute la mesure apportée par l'administration dans ce débat, il consentait volontiers qu'on renvoyât les pétitions au gouvernement.

Ce qui fut fait.

Je ne parle pas d'une autre requête adressée au Sénat quelques mois plus tard, tant contre le cimetière que contre le tracé municipal du chemin de fer destiné à le desservir, par cent dix-sept habitants de la vallée de Montmorency. Dans son rapport (25 juillet 1867), M. le baron Brenier concluait à l'ordre du jour, qui fut prononcé sans discussion, en se référant aux explications données par le préfet dans la séance du 5 avril, et qu'il considérait comme des démonstrations sans réplique, puis aux résultats qui seraient recueillis par l'enquête.

Celle-ci, en effet, avait été ouverte simultanément à Paris, à Saint-Denis et dans le département de Seine-et-Oise, dont le village de Méry fait partie. La commission d'enquête de Paris, constituée par arrêté du 15 juillet, comprenait, — sous la présidence de M. Boudet,

— qui s'était déjà prononcé formellement pour le nouveau cimetière, comme nous l'avons vu, — onze membres, dont quatre tirés de la commission municipale, élue par qui l'on sait. *Le Moniteur* du 27 novembre exposait les résultats de l'enquête dans un rapport, signé Barbier, qu'il est curieux de comparer aux discours et aux *communiqués* de M. le préfet. A voir le zèle avec lequel le rapporteur reproduit les arguments et jusqu'au style, parfois jusqu'aux expressions mêmes de M. Haussmann ; à comparer surtout quelques passages avec le discours prononcé par celui-ci au Sénat sept ou huit mois auparavant, vous jureriez que M. Barbier n'est que le pseudonyme de M. le préfet de la Seine :

Je chantais, Homère écrivait !

Ce serait un jugement téméraire, assurément, et tout ce que cela prouve, c'est l'action légitime exercée par l'éloquence préfectorale sur l'esprit du rapporteur fasciné, qui, ne pouvant dire mieux, n'a point essayé de dire autrement.

Ce morceau a été l'objet de diverses autres remarques désobligeantes. On y a noté des erreurs, des équivoques, de fausses interprétations, des confusions nombreuses, des citations inexactes : « Atténuer dans certains cas, amplifier dans d'autres, ou passer sous silence les faits qui semblaient pouvoir compromettre le projet, » c'est ainsi qu'après une étude minutieuse, un écrivain fort modéré dans son style[1] résumait ce rapport, qui, s'il n'est pas directement l'œuvre de la préfecture, est tout au moins un bâtiment construit avec les matériaux fournis par elle.

« L'enquête de la Seine, écrit le rapport, n'a pas donné lieu à des observations importantes, et l'*on peut*

[1] Foutès, *le Cimetière de Méry-sur-Oise et son chemin de fer*, p. 61.

dire que, dans ce département, les vues de la municipalité parisienne ont été généralement comprises et acceptées. » On *peut le dire* sans doute, quand on est rapporteur d'une commission officielle ; mais la polémique engagée depuis dans la presse a dû prouver à l'organe de M. le préfet que cette façon par trop leste de sauter, en une seule phrase, des prémisses à la conclusion, était plus conforme à ses désirs qu'à la réalité des choses. Il est bien vrai que l'enquête parisienne, ouverte en juillet, pendant la saison des eaux et de la campagne (les esprits avisés ne négligent pas ces menus détails), au quatrième étage de l'Hôtel de Ville, au haut d'un escalier de plus de cent marches, dans un couloir sombre qu'il fallait chercher une demi-heure, de détour en détour et de garçon en garçon, c'est-à-dire dans un local sinon admirablement choisi, du moins admirablement trouvé, n'a recueilli qu'un petit nombre de réclamations. M. Haussmann, qui l'atteste avec tant de bonheur, par l'organe du rapport, devrait être blasé là-dessus, ne fût-ce que par les enquêtes qu'il ouvre pour toutes les questions d'expropriation publique. On a pris le parti de s'abstenir, parce qu'il faudrait se déranger trop souvent, et se déranger absolument pour rien.

Jadis, à propos de la mutilation du Luxembourg, le marquis de Boissy, avec la témérité ordinaire de son éloquence, fit scandale à la tribune, en déclarant que l'enquête n'était qu'une formalité vaine, un débouché illusoire ouvert aux doléances des naïfs. Le Sénat tout entier s'éleva contre cette assertion, trop dépourvue de nuances oratoires et de délicatesse parlementaire. Quelques mois après, ce que M. de Boissy avait dit l'administration le prouvait. Non contente de ne tenir aucun compte de l'enquête ouverte à la mairie Saint-Sulpice, où une majorité écrasante s'était énergiquement prononcée contre le projet, elle en parlait avec dédain, ne pouvant s'appuyer sur elle, et trouvait moyen d'en dénaturer le résultat dans son rapport, malgré les protestations très-catégoriques des gens qui avaient contrôlé jour par jour les registres et la mettaient au défi de les publier.

Depuis ce temps, je suis devenu sceptique. Dès qu'on ouvre une enquête, je sais ce que cela veut dire : cela veut dire qu'il ne manque plus que cette formalité légale pour passer outre.

Mais l'enquête, qui ne s'est point faite à l'Hôtel de Ville, s'est poursuivie dans la presse. Qu'importe sous quelle forme, dans quels lieux et dans quelles circonstances l'opposition se traduit, si elle est incontestable? Or, y eut-il jamais ensemble plus imposant dans les organes des opinions les plus divergentes[1] ? Pourtant, on ne peut le nier, le projet a trouvé quelques partisans. Je ne parle pas des journaux officieux, qui n'ont fait qu'accomplir les devoirs de leur profession. Il ne faut point désespérer d'ailleurs de les convertir : le vent ne souffle plus dans la même direction qu'autrefois. Quelques-uns en sont déjà à traiter M. le préfet de *dictateur*, ce qui est un bien gros mot. Le plus répandu et le plus populaire, qui passe pour l'organe particulier de la politique impériale, a entrepris toute une campagne, très-significative en pareil lieu, pour démontrer le caractère antidémocratique de presque tous ses travaux. Encore un peu de temps, et, vaincus par l'évidence et le sentiment public, la plupart se décideront à lui casser sur la tête l'encensoir qu'ils faisaient fumer à ses pieds.

En dehors des feuilles officieuses, M. Haussmann a vu se déclarer pour lui *la Liberté*, journal du paradoxe et avocat habituel des causes impossibles. Le Haussmann du journalisme devait naturellement soutenir le Girardin de la préfecture. Si jamais le directeur de *la Liberté* ar-

[1] Les *Débats*, *la Presse*, *l'Union*, *le Temps*, *la Gazette*, *le Siècle*, le *Journal de Paris*, *l'Opinion nationale*, etc., etc.

rête devant le respect d'un sentiment quelconque le développement d'un de ces sophismes mathématiques qu'il aime à pousser à outrance, où il s'enivre de syllogismes, prend l'entêtement pour de la conviction, les formules pour des arguments et l'affirmation pour une preuve, je l'irai dire à l'Hôtel de Ville.

Mais M. le préfet a eu surtout pour soutiens et pour lieutenants principaux un vaudevilliste et un romancier, connus tous deux par leur goût pour les fictions. L'un est M. Théodore Barrière, homme d'esprit, auteur inégal et nerveux de pièces excellentes, quand elles ne sont pas détestables : son impétueuse, mais courte campagne, ne sera pas la meilleure de ses comédies. L'autre est M. Feydeau, l'auteur de *Fanny*, et, pour ne point lui faire tort d'un titre qu'il revendique comme mieux en harmonie avec ce nouvel emploi de ses facultés très-diverses, des *Usages funèbres chez les anciens*. M. Feydeau, apôtre de la crémation, caractérise ainsi, dans l'un de ses articles[1], l'usage des enterrements chrétiens : « Il est temps d'en finir avec cet usage gothique et malsain que l'empereur Constantin a mis à la mode, » ce qui donne tout de suite la mesure de son autorité dans la question. Il y dit encore : « Je suis peut-être absolument dépourvu de bon sens, » ce qui dispose agréablement en sa faveur. Il ajoute qu'il est fort content de ce petit morceau, et que, s'il exécute les ordres de M. Haussmann, comme on l'en accuse, il lui semble qu'il « ne les exécute pas trop mal, » ce qui démontre en lui autant de modestie que de goût, et rappelle agréablement le mot de Waller à Charles II : « Nous autres poëtes (ou romanciers, c'est tout un), nous réussissons mieux à peindre le faux que le vrai. » Les brillants articles de M. Feydeau, auxquels je m'arrêterais davantage, si tout ce travail n'en était la réfutation, et si l'administra-

[1] *Liberté* du 9 novembre 1868.

tion qu'il défend n'avait pris soin d'y répondre elle-même d'avance et point par point dans la brochure dont j'ai déjà parlé, n'ont absolument d'autre tort que d'enfermer beaucoup d'erreurs sous une forme tranchante, et d'être écrits avec la même plume que *M. de Saint-Bertrand* et *le Mari de la danseuse.*

Pour l'enquête ouverte dans le département de Seine-et-Oise, deux commissions furent nommées, parce qu'il y avait deux questions distinctes à examiner, au point de vue des intérêts spéciaux du département : celle du cimetière de Méry, et celle du tracé indiqué par l'administration pour la voie ferrée qui doit y transporter les morts, en traversant la vallée de Montmorency.

La commission d'enquête pour le cimetière, réunie à Pontoise le 22 août 1867, approuve le projet. La commission d'enquête pour le tracé municipal, réunie à Versailles le 23, commence par reconnaître à l'unanimité l'utilité du chemin de fer mortuaire : le rapport de M. Barbier s'empare de ce vote unanime, et en triomphe avec un orgueil qui rappelle les syllogismes de M. de la Palisse. En effet, elle avait à délibérer non sur l'établissement du cimetière, mais en prenant pour point de départ l'existence de ce cimetière, approuvé la veille par la commission de Pontoise, et l'on ne voit pas trop dès lors comment, à moins de faillir aux premiers éléments de la logique, elle aurait pu refuser la voie de Paris à Méry. Mais abordant ensuite la question du tracé municipal, elle le rejeta par sept voix contre cinq. Le 30 août suivant, le conseil général de Seine-et-Oise confirmait ce vote d'une façon plus formelle, plus énergique, plus conforme aux vœux des populations, tels qu'ils s'étaient manifestés par l'immense majorité des dires de l'enquête (car les habitants de Seine-et-Oise ne sont pas aussi blasés que les Parisiens), en demandant d'une voix unanime la mise à l'étude d'autres tracés ; et, quelques jours après, le conseil d'arrondissement de Pontoise s'associait au même vœu.

Eh bien, voici pour M. Haussmann l'occasion de prouver, à peu de frais, que « l'enquête n'est pas une vaine formalité, » et que l'administration, comme c'est son *devoir*, « n'arrête son opinion qu'après ce préliminaire accompli. » Voici un résultat certain, officiel, trois fois répété, sur une question secondaire, où M. le préfet peut céder sans compromettre en rien ses plans, et où il ne peut persister sans proclamer par là même son parti-pris absolu de ne rien entendre. C'est donc, en un point particulier, une expérience d'un intérêt général : elle a été concluante. Après l'épreuve du Luxembourg, celle du chemin de fer de Méry est venue commenter de la façon la plus irrécusable les déclarations de M. Haussmann au sujet du respect platonique qu'il porte aux enquêtes. Toute la satisfaction qu'ont obtenue les votes de la commission de Versailles, appuyés de ceux du conseil général et du conseil d'arrondissement, c'est de se voir annihilés dans le rapport de M. Barbier, et écartés, de la main de M. le préfet, par une fin de non-recevoir. On sait ce qu'il disait *avant*, dans la séance du 5 avril. Et voici ce qu'il disait *après*, le 6 septembre suivant : « L'enquête n'avait pas pour but de demander une sorte de vote affirmatif ou négatif aux localités consultées, mais de les mettre à même d'exposer les raisons qu'elles pouvaient avoir soit pour combattre le projet, soit pour en demander la modification, afin que le gouvernement, qui doit, en définitive, l'approuver ou la rejeter, pût connaître et peser ces raisons [1]. » Quelle chute pour l'enquête ! Pourquoi aussi s'avise-t-elle de se prendre au sérieux, et de ne pas s'apercevoir que si l'administration lui demandait conseil, c'était uniquement afin de lui procurer le plaisir d'être de son avis?

Par là, et par quelques autres côtés encore, cette question du chemin de fer, sans intérêt direct pour les Parisiens, et, en tout cas, d'un intérêt très-subalterne relativement

[1] Communiqué au *Siècle*, 6 septembre 1867.

à celle du cimetière, mérite de nous arrêter un moment. Elle est très-instructive comme indice du système, en nous permettant de saisir sur le vif les procédés habituels de l'administration, de la surprendre en flagrant délit d'obstination, d'équivoque et de contradiction. Nous ne suivrons qu'à ce point de vue la polémique engagée sur ce terrain, où elle a fini, de déviations en déviations, par s'établir presque tout entière.

Lorsque M. le préfet de la Seine eut chargé un ingénieur en chef des ponts et chaussées de procéder à l'étude du chemin de fer destiné à unir Paris à sa future nécropole, à partir du cimetière du Nord, celui-ci, ne consultant que les conditions techniques données par les formes des terrains, dirigea son tracé dans la voie qui semblait naturellement indiquée, c'est-à-dire par Cormeilles et par Argenteuil. Mais en apportant (le 12 septembre 1865) le résultat de ces études au préfet, il reçut l'ordre d'adopter une autre direction. Le chemin devait passer par Ermont, d'après les instructions nouvelles, et aboutir à la Garenne de Maubuisson, située au nord-ouest du cimetière[1].

Le passage à Ermont se comprenait par la faculté qu'il laissait aux visiteurs de se servir, jusqu'à cette station centrale, des chemins de fer de l'Ouest ou du Nord ; mais l'injonction d'aboutir à la Garenne ne pouvait et ne peut encore recevoir aucune explication plausible[2]. Suivez sur

[1] *Chemin de fer de Paris au cimetière projeté*, broch. in-4.

[2] Citons pourtant, comme une curiosité historique et scientifique, celle de M. Barbier, rapporteur de la commission d'enquête :

« Ce n'est pas arbitrairement que l'entrée principale a été fixée à Méry. Pierrelaye n'offre aucune ressource pour les ateliers de la construction et de l'exploitation du chemin de fer des dépendances du cimetière. Ce village, sans eau, est à 5 ou 6 kilomètres de la Seine et de l'Oise, tandis que Méry est à 1 kilomètre seulement de cette dernière rivière, dont les eaux seront facilement envoyées par des machines pour les besoins de l'installation de la nécropole et de son chemin de fer. »

Nous ne nous arrêterons pas à faire observer que M. le rapporteur

une carte la voie municipale : arrivée à la porte du cimetière, tout à coup elle se détourne, pour aller se jeter dans le sein du bois favorisé. C'est une fugue qui allonge le voyage de 2 à 3 kilomètres à l'aller, et d'autant au retour.

Quel motif mystérieux a fait fléchir ici l'amour bien connu de M. le préfet pour la ligne droite? Comment expliquer ce supplément imprévu de trajet et de dépense? M. Haussmann, qui le sait bien sans doute, a poussé la coquetterie jusqu'à ne vouloir jamais s'en expliquer à cœur ouvert, et M. le maire de Méry, propriétaire de la Garenne, pourrait seul nous le dire.

C'est un joli bois que la Garenne : il produit des chênes, des bouleaux et des broussailles en quantité. Je conçois qu'il ait tenté le premier magistrat municipal de Méry, amateur éclairé de la belle nature silvestre, comme le prouve l'acquisition déjà faite par lui du bois de Montarcis, que son dévouement aux grands projets de M. Haussmann l'a malheureusement forcé de céder presque aussitôt à la ville de Paris, avec un bénéfice bien insuffisant pour le dédommager d'un tel sacrifice. M. le maire de Méry a donc acheté au prix de deux cent soixante-quinze mille francs ce petit bois de 162 hectares, par acte notarié en date du 23 avril 1866, après des pourparlers qui, comme il a eu la complaisance de nous l'apprendre lui-même, remontaient au mois d'août 1865[1].

augmente dans un cas et diminue dans l'autre, pour les besoins de son argumentation, la distance de l'Oise, qui est à plus de 2 kilomètres de la Garenne et à moins de 4 de Pierrelaye. Qu'importe, en effet? A supposer que la proximité de l'Oise fût actuellement un avantage pour Méry, elle deviendrait un inconvénient d'ici à quelques années, avec le chemin de fer de ceinture, qui fera le tour du cimetière, et le système d'enterrements par zones (voy. plus loin), quand on aura à enterrer du côté de Pierrelaye : la rivière ne changera pas de place pour suivre les tombes. Mais, même actuellement, cet avantage n'existe pas. Qui ne sait qu'il faut conduire l'eau au point le plus élevé, d'où on la distribue sur tous les autres points? Dès lors, il est indifférent de commencer ici ou là.

[1] Lettre à M. Léon Say, dans les *Débats* du 20 décembre 1868. M. le

Mais il se trouve que M. Haussmann aime fort les bois aussi. Tandis qu'il traçait la ligne de son chemin de fer, il aperçut la Garenne de Maubuisson. Le site lui plut; il rêva que le débarcadère funèbre ferait là un effet des plus romantiques, et communiqua son enthousiasme à M. l'ingénieur des ponts et chaussées. M. le maire avait à peine acquis la Garenne, — peut-être même ne l'avait-il pas acquise encore, mais du moins il avait donné sa parole, qu'un homme d'honneur ne retire jamais, — lorsqu'il apprit le nouveau sacrifice qu'exigeait de lui l'amitié de M. le préfet de la Seine. C'était jouer de malheur! Mais son dévouement est de ceux qui ne savent point reculer.

M. Haussmann s'est si profondément épris des charmes pittoresques de la Garenne que, dans toutes les variantes de son projet, il y a un point sur lequel il ne varie pas :

maire fait remarquer qu'à cette époque la ville de Paris n'avait pas commencé ses acquisitions: il est vrai, mais les acquisitions avaient été précédées d'études, et elles en avaient été si bien précédées que, le 12 septembre suivant, c'est-à-dire moins d'un mois après, à la suite du rapport fait par les trois savants qu'avait désignés M. le préfet pour chercher un emplacement favorable à son projet, l'ingénieur en chef, M. Bassompierre, avait terminé et déposé l'étude d'un tracé de chemin de fer passant par la vallée de Cormeilles (lettre de M. Bassompierre au *Siècle*, 12 janvier 1868). Ainsi, M. le préfet et M. le maire marchent en tout ceci avec un touchant accord, bien digne de servir d'exemple; tous leurs actes se répondent, s'harmonisent, suivent une ligne parallèle. La ville commence ses études; M. le maire, avec un empressement qui fait l'éloge de sa pénétration, commence ses pourparlers. Il ne va pas au delà tant que la ville n'est pas allée au delà elle-même. Mais dès qu'elle a acheté, il achète. M. le maire pousse la modestie trop loin en voulant nous donner à entendre qu'il ne soupçonnait rien avant le jour où la ville a signé son premier acte d'achat. Nous augurons mieux de son esprit sagace et nous prenons sa défense contre lui-même. Ou, s'il le préfère, M. le baron Haussmann n'a point commis la maladroite inconvenance de cacher ses études et ses négociations particulières à un maire si bien disposé. Nous aimons à nous persuader qu'une douce concorde a dû régner dès le premier jour entre le puissant préfet et l'honorable magistrat dont il ne pouvait se passer. On a souvent besoin d'un plus petit que soi, et si les dieux ont leurs secrets, ils ont aussi leurs confidents nécessaires.

c'est l'arrivée du chemin de fer dans cette forêt municipale. S'il le faut, il traversera le cimetière pour aboutir en ce lieu de prédilection. Il est vrai qu'il ne prend à M. le maire qu'un coin de sa propriété pour y établir la gare, indépendamment de la partie qu'il englobe ; mais celui-ci se résignera, pour ne point contrarier les projets préfectoraux, à vendre par lots les 800,000 mètres qui lui restent sur les bras, et qui lui coûtent de 13 à 14 centimes le mètre, aux industriels que la création de la nécropole ne peut manquer de grouper à sa porte. Cette petite opération procurera peut-être à M. le maire (et à ses associés, s'il en a) un bénéfice que des médisants ne craignent pas d'évaluer à plusieurs millions[1], sans préjudice de la maigre bonification déjà réalisée sur la partie vendue ; mais ce ne sera là, je l'ai dit et le répète, qu'une compensation bien légère et la trop modeste récompense d'un zèle qui ne s'est jamais démenti.

Ce grand maire était tellement sûr de son dévouement, qu'il n'a pas craint de se laisser nommer membre de la commission d'enquête chargée de prononcer sur le tracé municipal, c'est-à-dire sur l'arrivée du chemin de fer à la Garenne ! J'avais oublié de le dire, et je me hâte de réparer cet oubli. Voyez-vous d'ici le magistrat héroïque, placé entre son amour pour sa forêt et son amour pour la ville de Paris ! Quelle lutte et quelle victoire ! Sans vouloir pénétrer le secret du vote, j'ose me porter garant que, comme Brutus, il aura immolé au devoir ses plus chères affections et sacrifié sa forêt au triomphe du tracé municipal.

[1] Voy. la lettre de M. Chenel, maire de Franconville, à *la Patrie*, 8 novembre 1868; sa *Lettre à M. Baudrillart*, p. 9 ; *les Débats* des 22 novembre, 13 et 20 décembre 1868, *le Chemin de fer de Paris au cimetière projeté de Méry-sur-Oise*, brochure in-4°, imprimée chez Renou et Maulde, etc. Ce petit côté de la question, on le voit, est largement tombé dans le domaine public par la discussion de la presse, que M. le maire a eu d'ailleurs l'esprit et le bon esprit d'accepter, et que nous nous sommes borné à résumer ici.

Cet épisode a pu sembler long, mais il est le nœud du poëme et l'on verra qu'il explique bien des choses. La question du chemin de fer funèbre a soulevé dans toute la vallée de Montmorency une émotion qui est encore loin d'être apaisée. Pour repousser loin d'elle ce calice, elle a fait toute une levée de boucliers, à la tête de laquelle se sont mis les maires en personne. Une croisade de maires contre un projet administratif, c'est là un phénomène qu'on ne voit pas tous les jours et qui peut déjà sembler assez significatif par lui-même. Vingt communes se sont liguées pour rejeter avec énergie un plan qui doit attrister les plus charmants environs de Paris et les plus recherchés par les amateurs de villégiature, porter à la valeur des propriétés un coup d'autant plus certain que la seule annonce en a suffi pour produire une dépréciation déjà sensible et alarmer tous les intérêts, changer enfin le vallon riant en une avenue sépulcrale.

En vain M. le préfet leur répond qu'elles exagèrent, et que, d'ailleurs, ce passage des convois sera caché par ces plantations que M. Alphand fait si bien; en vain il les engage paternellement à se tenir en garde contre une agitation factice et s'efforce de rattacher les populations à son projet, à l'aide d'une variante qui, en rapprochant la ligne des villages, leur permettra de l'utiliser pour leurs affaires dans l'intervalle des convois funèbres. Cette promesse captieuse, qui a besoin, pour se faire accueillir, de se dérober à l'examen dans un vague prudent, ne les désarme point; et les plantations de M. Alphand, qui pourront peut-être donner quelque ombrage dans un demi-siècle, si elles ne meurent point avant d'être nées, comme il arrive parfois, ne leur paraissent pas un voile suffisant contre ces convois lugubres, dont la vue s'imposera d'autant plus nécessairement à tout le vallon qu'une grande partie du chemin de fer devra être exécutée en remblais[1].

[1] Dans son rapport, M. Barbier prétend que le chemin sera « le plus souvent en *déblai*, » et par conséquent invisible. Soit faute typogra-

Elles réclament l'exécution du premier tracé par Argenteuil et Cormeilles. L'impossibilité qu'on allègue n'est évidemment qu'un prétexte dans la bouche d'un préfet qui n'a jamais connu d'obstacles et qui a cent fois prouvé, comme l'illustre épée dont sa pioche a dépassé les exploits, que le mot *impossible* n'est pas français. Et quand M. le préfet s'appuie, pour le prononcer, sur l'autorité de son ingénieur en chef, il oublie ou il ignore que, vingt jours auparavant, ce même ingénieur déclarait ceci à la commission d'enquête, devant des témoins qui n'avaient pas les mêmes raisons pour l'oublier, et qui l'ont répété sans pouvoir être démentis : « Je n'ai étudié le tracé par Argenteuil et Cormeilles que d'une façon superficielle et sur une carte. Ce tracé a été ma première idée, mais j'ai reçu l'ordre de l'abandonner. »

Pourquoi ? — Le poumon, disait Toinette. — La Garenne, disent les mauvaises langues. C'est la Garenne qui est le mot de toutes les énigmes dans cette ténébreuse affaire.

A moins que M. l'ingénieur n'ait travaillé la nuit, à la clarté de la lune ou de la lumière électrique, il est certain qu'il n'a fait aucune étude nouvelle dans les vingt jours qui ont séparé cette déclaration catégorique de la date à laquelle, pour la première fois, M. le préfet de la Seine s'appuie sur son rapport pour déclarer le contraire. Mais à ingénieur ingénieur et demi ! Et ce que l'on a d'excellentes raisons pour juger impossible en 1867, après l'avoir jugé très-possible en 1865, d'autres ingénieurs, qui ne travaillent point à la lueur fantastique des feux de Bengale et qui ont fait leurs études à la simple clarté du soleil, se chargeront de l'exécuter quand on voudra.

Une objection plus spécieuse est opposée aux réclama-

phique, soit *lapsus calami*, c'est *remblai* qu'il voulait dire. (Voy. Fouzès, *le Cimetière de Méry-sur-Oise*, p. 35.) Il y a beaucoup de *fautes* pareilles dans ce rapport, mais on sait que le *Journal officiel* a changé d'imprimeur.

tions des habitants de la vallée : en adoptant leur contre-projet, on ne ferait, dit-on, que déplacer le mécontentement, puisque Argenteuil et Montigny repoussent le chemin de fer funèbre avec la même énergie. — La riposte va plus haut et plus loin que ne le pense M. le préfet : elle passe par-dessus la vallée pour atteindre l'Hôtel de Ville. Peut-on voir, en effet, une preuve plus convaincante de la répulsion unanime qu'inspire ce projet ? Malgré le faible bien naturel que des communes rurales, et surtout des communes de banlieue jusqu'à présent déshéritées de toute voie de communication rapide, doivent éprouver pour un chemin de fer ; malgré le désir et l'espérance d'en profiter dans leur intérêt personnel, toutes ou presque toutes commencent par le repousser en principe, et ne consentent à s'arrêter que par hypothèse, en guise de pis-aller, à la discussion des avantages qu'on fait miroiter à leurs yeux comme une tentation[1]. Les beaux arguments dont on pensait les séduire ne parviennent même pas à les consoler,

[1] L'idée machiavélique du chemin de fer mixte destiné à *faire vivre* le chemin mortuaire, et joignant aux avantages parfaitement *appréciables* d'une exploitation commerciale pour certaines carrières de plâtre et de pierres bien connues de M. le maire de Méry, celui d'un appât à l'adresse des habitants de la vallée, qu'on espérait convertir ainsi au projet municipal, ne s'est produite qu'assez tard. Non-seulement il n'en est pas question dans le rapport de M. Boudet (2 avril 1867), mais les termes de ce rapport excluent formellement tout système analogue et montrent qu'il ne s'agit alors que d'une voie mortuaire, organisée pour le seul service des convois et des visiteurs, « en dehors de toute considération de bénéfices, » comme s'exprime un *communiqué* postérieur de M. le préfet. A cette date, il est à croire que l'accouplement au service funèbre d'un service de factage et de roulage, qui ferait voyager les moellons, les légumes et les engrais sur la même voie que les morts et en quelque sorte côte à côte avec eux, eût paru ce qu'il est réellement, une choquante et monstrueuse inconvenance. Il faut du temps, quelquefois même à M. le préfet, pour se faire à certaines idées. Celle-ci ne commence à se révéler que dans les plans de la mise à l'enquête, on comprend pourquoi. Elle s'affirme nettement dans le rapport de M. Barbier (29 novembre 1867).

et toute la question se réduit pour eux à tirer d'un mal nécessaire un bien relatif. On se rejette de l'un à l'autre ce malheureux chemin, dont personne ne veut, et la banlieue s'accorde avec Paris pour faire échec au plan préfectoral.

Mais si les destins doivent avoir leur cours, s'il faut absolument que l'ouverture de ce cimetière néfaste entraine à sa suite la création du chemin de fer funèbre, les habitants de la vallée de Montmorency prétendent, avec quelque apparence de raison, que l'opposition de deux communes ne saurait entrer en balance avec celle de vingt villages, pas plus que M. le maire de Méry, même flanqué des trois collègues qu'il est parvenu à rallier, ne saurait prévaloir contre l'imposant bataillon qui s'est groupé autour du maire de Franconville[1].

Je demande pardon de ces détails un peu arides et minutieux sur un point secondaire, dont l'intérêt s'élargit lorsqu'on l'examine comme un *criterium* des façons dictatoriales de M. le baron Haussmann. Je les ai considéra-

[1] Dans leurs vœux, ce plan se complète par l'exécution d'un second chemin de fer, qui relierait la station d'Ermont au cimetière de Méry. Le premier serait exclusivement consacré aux convois; le second prendrait à Ermont, pour les conduire à Méry, les voyageurs et les curieux arrivés par les lignes du Nord ou de l'Ouest. Les convenances, le respect pour le deuil des familles, que rien ne doit distraire de leur recueillement douloureux, exigent que ces deux ordres de voyage soient entièrement séparés. Et pour lever tous les obstacles, pour acculer l'entêtement préfectoral dans ses derniers retranchements, en ne lui laissant d'autres ressources qu'une mauvaise volonté sans explication comme sans excuse, la Compagnie générale d'assurances sur la vie, grande propriétaire dans la vallée de Montmorency, s'offre à exécuter elle-même cette voie à ses risques et périls, sans aucun subside de l'État ni de la ville de Paris, avec le seul concours des habitants de la vallée, qui ont souscrit toutes ses actions, et, — point essentiel, précaution subtile qui indique de la part de la Compagnie la prudence du serpent, — en s'engageant dans les termes les plus formels à aboutir au point déterminé par l'administration, sans en excepter la Garenne! Qu'a répondu M. le préfet? — Il n'a rien répondu et ne peut rien répondre. — A-t-il accepté? — Oh! non. — Acceptera-t-il? — Je ne le pense pas. — Pourquoi? — Pure affaire de tempérament.

blement abrégés, bien que le lecteur ne s'en soit peut-être pas assez aperçu. Mais je n'étais pas libre de les passer sous silence dans cette partie du travail, destinée à déblayer le terrain en initiant le lecteur à toutes les phases de la question.

Dans la session de 1868, une proposition fortement motivée, qui condamnait non pas seulement tel ou tel tracé de chemin de fer, mais le projet même du cimetière de Méry, au nom de la légalité, des convenances, des intérêts du département et des difficultés matérielles ou administratives qu'il ne pourrait manquer de produire, fut soumise au conseil général de Seine-et-Oise. Cette proposition, adoptée et soutenue par la commission spéciale, vint en délibération publique. Son énergie effraya les timides du conseil, satisfaits d'avoir momentanément écarté le péril, du moins ils le croyaient, par leur vote sur le chemin de fer. Dix-huit abstentions sur trente-six membres firent la part de ces opposants trop timorés : il est clair, — et j'aime à croire que M. le préfet en conviendrait lui-même, sous peine de faire à son projet plus de tort qu'il ne le désire, — que ce n'est point la peur d'abonder dans le sens de l'administration qui a pu décider ces messieurs à s'abstenir. Le reste se divisa en deux parties égales, et, grâce à la voix prépondérante du président, la proposition fut considérée comme rejetée par le conseil. Ainsi M. le préfet a eu pour lui neuf membres sur trente-six, et il s'appuie fièrement sur ce vote, comme sur son plus ferme soutien. Je sais bien qu'il a les meilleures raisons du monde pour n'être point difficile; mais d'où vient tout à coup ce respect pieux pour une majorité fictive à l'homme que, par trois fois, l'année précédente, une majorité réelle n'a pu ébranler?

En septembre 1868, le bruit court tout à coup que, pour en finir, M. Haussmann veut créer le *fait accompli*, en transférant à Méry les inhumations qui ne pourraient plus avoir lieu au cimetière Montmartre, — environ une vingtaine par jour. A défaut d'une voie spéciale, il se servirait, disait-on, du chemin de fer du Nord, avec lequel il est en pourparlers suivis. Ce serait une mesure provisoire, prise sous l'influence de la nécessité, sans préjuger la solution définitive ; mais on sait ce que dure habituellement le provisoire en France, et personne ne doute surtout que M. le préfet, qui s'entend si bien à transformer les minorités en majorités et ses volontés en lois, ne soit assez habile pour faire du définitif avec du provisoire, comme Caussidière faisait de l'ordre avec du désordre. La mesure ne manquerait pas d'amener l'un des deux résultats suivants : ou bien cette promiscuité des morts et des vivants sur une voie banale, chargée à la fois de conduire ceux-ci à leurs affaires ou à leurs plaisirs et ceux-là à leur dernier asile, choquerait assez vivement la délicatesse pour que le public réclamât comme une faveur la voie mortuaire, jusqu'alors rejetée par tout le monde et qu'on en était réduit à ne savoir où faire passer ; ou bien on s'habituerait peu à peu à ce mélange, et la besogne se trouverait très-simplifiée du coup.

Ce qui prêtait une grande force à cette rumeur alarmante, c'est que M. le préfet avait déjà acquis sous main, sans aucune déclaration d'utilité publique, et à des prix exorbitants, les terrains nécessaires pour construire l'embranchement du chemin du Nord sur Méry. Cet embranchement devait partir du point intermédiaire entre Herblay et Pierrelaye, au sud-est du cimetière, et comme il fallait absolument aboutir au nord-ouest, c'est-à-dire à la Garenne, — ne l'oublions pas, — couper la nécropole dans toute sa largeur : M. Haussmann, esprit sans préjugés, n'est pas homme à s'inquiéter niaisement, comme vous ou moi, de l'effet que peut produire un convoi lancé à toute vapeur à travers un champ de repos.

Ce bruit acquit bien vite une consistance extraordinaire. On citait les conventions, on citait les prix, on avait vu les plans et l'on mettait solennellement M. Haussmann en demeure de le démentir. Il ne l'a pas démenti. Les maires de la vallée adressèrent leurs doléances au ministre de l'intérieur, qui leur répondit par une lettre rassurante. Les sceptiques remarquèrent que cette lettre précédait de quelques jours l'élection d'un conseiller général, précisément dans le canton de Montmorency. Mais je n'y veux pas voir un calcul électoral, et je la crois sincère ; seulement elle était d'un simple ministre, d'un ministre de fraîche date, bien neuf et bien petit auprès du puissant préfet, qui s'était joué de son innocence. Et tandis que M. le ministre de l'intérieur, personnellement, désavouait M. le préfet de la Seine, autant qu'il était possible de le faire dans le langage officiel, légalement il transmettait sous son couvert aux journaux les *communiqués* où M. le préfet semblait prendre à tâche de contredire sa lettre, et, laissant de côté toute précaution, parlait du cimetière comme d'un fait sur lequel il n'y avait plus à revenir.

Deux mois après, le ministre de l'intérieur n'était plus que M. Pinard, tandis que M. Haussmann était toujours et reste encore, pour nos péchés, le préfet de la Seine.

On n'avait même pas eu besoin d'attendre jusque-là pour savoir à quoi s'en tenir sur cette lettre du ministre de l'intérieur. Chaque jour dénonçait un nouveau pas fait par la préfecture dans la voie souterraine qui devait la conduire au cœur de la place. L'imminence était telle que, pour aller plus vite, on renonçait à établir un embranchement du cimetière Montmartre à la ligne du Nord, et que les cercueils devaient partir de la gare même ou d'un endroit voisin. Bien des mains ont touché et bien des yeux ont vu ces plans secrets, où l'emplacement de l'embarcadère funèbre avait fini par être ramené à l'ancienne gare du Nord. En même temps, les travaux se poursuivaient activement à Méry. Il y a quelques mois, vous eussiez pu voir, entre Pierrelaye et le cimetière, la plaine jalonnée sur le passage de l'embranchement futur, et, dans le cimetière même, relever de vingt en vingt pas le tracé du chemin de fer se dirigeant, à travers les sables, les lichens et les broussailles du plateau, vers l'inévitable Garenne. Tristes apprêts, que j'ai suivis à la piste, en me déchirant les pieds aux souches aiguës des arbres coupés pour leur faire place, comme un juge d'instruction qui étudie sur les lieux les préparatifs d'une effraction nocturne!

Un moment nous n'avons été réellement séparés du péril que par l'épaisseur d'un décret et d'un arrêté préfectoral. On eût répondu aux réclamations des Parisiens en les renvoyant à se pourvoir devant le conseil d'État, et pendant ce temps on eût continué d'enterrer à Méry[1]. Mais la clameur de haro qui s'est élevée d'un bout à l'autre de

[1] Il est curieux de rapprocher de ce projet de traité avec le chemin de fer du Nord, qui n'est peut-être point abandonné, un passage très-catégorique du rapport de M. Barbier, l'homme du préfet :

« La pensée d'utiliser les chemins de fer déjà existants a dû se présenter d'abord à l'esprit; mais la réflexion a bientôt démontré qu'on devait y renoncer. Comment songer, en effet, à accoler une gare mortuaire à l'une des grandes gares du chemin de fer de l'Ouest ou du chemin de fer du Nord, les deux seules d'où l'on pourrait se diriger vers Méry-sur-Oise? Outre l'inconvénient grave de l'agglomération des personnes dans ces gares déjà encombrées, des raisons de haute convenance repoussent une pareille idée, et la juxtaposition d'une gare funéraire dans l'un des centres de mouvement et de vie répugnerait au sentiment public. Ce n'est pas tout. La ville de Paris doit se réserver de faire face à toutes les mesures que l'hygiène publique peut commander en cas d'épidémie. Ces mesures pourraient être contrariées par les exigences d'un grand service public. Le chemin destiné aux convois des morts doit donc rester essentiellemen une propriété municipale, entièrement à la disposition de la municipalité parisienne. »

Certes, nous n'en sommes plus à compter les contradictions, mais vraiment celle-ci serait trop forte, et M. Haussmann fait la partie trop belle à ses adversaires en leur épargnant jusqu'à la peine de chercher des arguments pour le combattre et en chargeant ses avocats de plaider pour eux. Ne pourrait-il leur recommander plus de prudence à l'avenir, toutes les fois qu'ils auront à écarter une hypothèse absurde ou un projet inconvenant, destiné peut-être à devenir, quelques mois après, une réalité admirable?

la presse pour dénoncer ce nouveau subterfuge administratif, et la tournure qu'ont prise les discussions de la Chambre sur les actes préfectoraux ont écarté une menace qui n'attendait peut-être que l'issue des élections pour se réaliser. L'engagement porté à la tribune par M. le ministre d'État semble condamner à l'impuissance cette façon cavalière et sournoise à la fois d'escamoter par un expédient la plus grave des questions, et de tourner la loi afin de pénétrer par surprise dans l'enceinte dont elle défendait l'entrée. Il est donc inutile de décrire plus en détail cette phase de la question.

Je sais bien ce que les journaux officieux et les *communiqués* nous ont cent fois répondu. Nous sommes simplement en face d'un magistrat prévoyant qui se met en mesure, sans vouloir ni pouvoir engager en rien les choses. Ce que nous prenons pour de l'illégalité est simplement de la prudence. N'avez-vous pas lu le rapport de M. Boudet, sénateur, ancien ministre, sur la pétition Target? «Si le projet n'était pas définitivement adopté par l'administration (en ce temps-là, c'était l'administration et non le Corps législatif), les terrains achetés seraient facilement revendus à un prix plus élevé.» *Facilement*, je n'en sais rien, mais *plus élevé?* M. Boudet s'est laissé emporter par son zèle en écrivant ces mots. Les paysans n'ont point la munificence de M. le préfet, et ce n'est pas surtout en cas de *liquidation* qu'ils rachèteraient à un prix plus élevé des terrains qu'ils ont vendus bien au delà de leur valeur. Si M. Boudet compte sur M. le maire de Méry pour reprendre à plus de 30,000 francs le bois de Montarcis, cela ne fait l'éloge que de son admirable candeur. Moins naïf, M. Haussmann a dit tout simplement qu'au besoin on revendrait les terrains, «même avec perte, sans que cela fût de grave conséquence.» M. le préfet en parle à son aise, en homme habitué à jeter les millions par les fenêtres de l'Hôtel de Ville!

L'affaire n'est donc pas engagée; elle est à l'étude: couvert par cette déclaration, M. le préfet a multiplié ses approches autour du point qu'il s'agit d'enlever d'assaut. A tous ceux qui voulaient l'arrêter au passage, il répondait qu'il n'y a pas lieu de réclamer contre un projet hypothétique, jusqu'au moment où il espérait se retourner tout à coup pour leur déclarer qu'il n'y a plus lieu de réclamer contre un fait accompli. Il a conduit toute cette affaire avec un singulier mélange de franchise et de dissimulation, d'audace et de ruse. Il a la prétention d'avoir acheté les terrains du cimetière au grand jour, même quand il faisait éveiller les paysans par ses agents et les conduisait sur les lieux, lanternes en mains, pour les décider à lui vendre, ou, au besoin, à lui *louer* simplement leurs terrains ; mais il ne dit mot de ces achats dans ses comptes, et s'arrange de façon à ce que ce *grand jour* ne crève les yeux de personne. La mesure est aussi nettement arrêtée dans son esprit, dès l'origine, que le percement du boulevard de Sébastopol ; mais il déclare qu'il attend, pour se décider, les résultats de l'enquête. Dans un *communiqué*, il nie ; il conteste dans un autre : dans un troisième, il avoue, quitte à démentir de nouveau le lendemain, mais en continuant toujours. Et tout en bravant la légalité, il affiche pour elle la tendresse la plus édifiante. La légalité ! mais personne ne l'aime, personne ne la respecte plus que lui ! Afin de prouver à quel point il en est pénétré, M. le préfet renvoie ses contradicteurs à une foule de lois et de décrets, avec un aplomb qui les fait rougir de leur ignorance, du moins tant qu'ils n'ont pas vérifié la citation. Car, lorsqu'ils l'ont vérifiée, ce sentiment fait place à une admiration sans cesse renouvelée pour cet esprit aussi original dans l'interprétation des lois que dans leur exécution. C'est la scène de Sganarelle : « Vous n'entendez point le latin ? *Cabricias, arcithuram, catalamus, singulariter...* » Jacqueline et Lucas s'extasient ; mais Géronte lui-même, après avoir payé son juste tribut d'éloges à cette puissante argumentation, finit par s'apercevoir que Sganarelle place le foie à gauche et le cœur à droite.

M. le préfet porte dans ses explications scientifiques la même hardiesse que dans ses interprétations légales. On découvre, par exemple, que l'emplacement choisi à Méry se compose d'une couche de sable sous laquelle s'est formée une vaste nappe liquide, qui, d'après les calculs des hydrographes, vient jusqu'à Paris, et l'on en conclut que, sous prétexte d'éviter à Montmartre l'empoisonnement de l'air, on produira à Paris même l'empoisonnement de l'eau. Vous croyez M. le préfet embarrassé? Que vous ne le connaissez guère! M. le préfet, qui a des chimistes à sa disposition, riposte par un communiqué très-savant où, sans essayer de contester l'existence de ces nappes souterraines et courantes, il explique avec une condescendance majestueuse à son ignorant adversaire — *ignorantus*, *ignoranta*, *ignorantum* — que, loin d'être un obstacle, elles sont précisément une des conditions indispensables de son projet, parce que l'oxygène... comprenez bien ce raisonnement, je vous prie... l'analyse de l'eau des sources... écoutez bien ceci, je vous conjure... Et voilà justement ce qui fait que votre fille est muette! — Il y a trop d'oxygène là dedans pour ma faible intelligence, et je me déclare absolument incapable de juger la théorie de M. le préfet. J'ajoute même qu'elle a tout à fait bon air, et je me sentirais disposé à l'admettre, si, par malheur, les incorrigibles adversaires de ce grand médecin n'avaient eu la curiosité détestable de comparer les explications après la nappe à celles qu'il donnait lorsque la nappe n'était pas encore prévue. En se reportant à la séance du 5 avril 1867 au Sénat et au rapport qui l'avait précédée, ils ont trouvé que M. le rapporteur d'abord, puis M. Dumas, le chimiste de la commission municipale, et M. le préfet lui-même, démontraient justement l'insalubrité des cimetières parisiens par le danger des infiltrations souterraines, et la salubrité du cimetière de Méry par l'absence de ces infiltrations dangereuses [1]. Ce qu'on déclare innocent, salutaire même en janvier 1869, c'est justement ce qui faisait jeter le cri d'alarme en avril 1867. Comme les enfants qui cherchent à consoler leur amour-propre humilié d'une chute, le préfet de la Seine, en se noyant dans la nappe fatale, répétait encore : « Je l'ai fait exprès. »

Que M. Haussmann se contredise, rien de plus naturel. Mais qu'il contredise ses chimistes, ou que ses chimistes se contredisent pour lui plaire, voilà qui donne une pauvre idée de son respect pour la science, ou du respect de la science officielle pour elle-même et pour la vérité. On se plaint bien à tort du prix que nous coûte et de l'argent que dépense ce préfet *impayable*, qui trouve moyen d'introduire la gaieté jusqu'en un sujet si funèbre. Cet épisode mériterait de figurer dans les Recueils de traits choisis, à côté de l'anecdote classique :

— Mon Dieu, l'affreuse personne !

— C'est ma femme, monsieur.

— Ah ! ah ! elle est charmante !

Sans avoir à examiner le fond de la question, qui dépasse notre compétence, il demeure donc établi que M. Haussmann, esprit aussi ingénieux qu'actif, mais un peu oublieux, a toujours deux vérités à son arc, suivant les besoins : une vérité de 1867, et une vérité de 1869 ; une pour le Sénat, et une pour les journaux de l'opposition ; enfin, qu'il est aussi prudent [illegible]uctif de vérifier les articles de lois qu'il cit[illegible]s décrets sur lesquels il s'appuie, et de confronter ses paroles du jour avec celles de la veille et du lendemain.

[1] Voy. le communiqué adressé au *Siècle*, le 10 janvier 1869, et l'article publié par les *Débats*, le 14 janvier. Rien n'est plus curieux que la confrontation ligne par ligne de ces documents. On aurait pu joindre à cet étonnant dossier de contradictions un passage du rapport de M. Barbier au nom de la commission d'enquête, qui abonde dans le même sens que MM. Boudet, Haussmann et Dumas.

C'est dans ces circonstances que s'est produit le dernier acte de la question : l'interpellation de M. Maurice Richard à la séance législative du 10 mars dernier. Cette interpellation, comme on sait, comprenait deux parties : l'une relative au percement d'un boulevard à travers le cimetière Montmartre, l'autre à la nécropole de Méry-sur-Oise. Sur ce dernier point, la discussion a été arrêtée au début par la double déclaration de M. le ministre d'État, qu'on procéderait par une loi présentée prochainement, et que la nécropole redoutée, au lieu de fermer les cimetières actuels, n'en serait que le complément.

La Chambre a pris acte, avec un soulagement véritable, de cette déclaration, et nous en prenons acte à notre tour. C'est le commencement d'une victoire de l'opinion et du bon droit, mais ce n'est que le commencement. Il n'est pas indifférent, sans doute, qu'on renonce à agir par un simple décret, et il serait plus important encore que la nécropole de Méry, si elle doit s'ouvrir, ne fût en réalité qu'un cimetière complémentaire. Seulement quelle est, au fond, la valeur de cette concession apparente, obtenue, — je veux dire arrachée, — non-seulement par l'émotion publique et les polémiques de la presse, mais par les récents débats sur les faits et gestes de la préfecture et par l'attitude visible du Corps législatif? Est-ce un acte, ou simplement une parole? une garantie sérieuse, ou un artifice oratoire, un de ces moyens d'audience qui ont produit tout leur effet quand ils ont désarmé l'adversaire? Nous avons le devoir de l'examiner de près, sous peine d'être dupes pour la centième fois, ce qui serait vraiment trop. C'est pourquoi nous reprenons l'interpellation abandonnée, et nous en demandons à notre tour le renvoi au gouvernement.

La Chambre a paru attacher un grand prix à la qualification de cimetière *complémentaire*, répétée avec insistance comme un argument. Toute la question est de savoir ce qu'on entend par là. Le mot semble bien clair et bien net, mais la langue administrative a son vocabulaire spécial, où les termes changent de signification suivant les besoins. Serrez la déclaration, et vous la verrez s'évanouir dans une obscurité inquiétante. Quels morts seront chargés de peupler ce cimetière complémentaire? Quels morts en seront dispensés, et à quel prix? Pour qu'il méritât vraiment ce titre, il faudrait qu'il fût placé dans les mêmes conditions que les autres, et qu'on restât libre de chercher et certain de pouvoir trouver un asile ailleurs. Tant que l'organe du gouvernement ne se sera pas expliqué sur tous ces points, ce mot n'a qu'une valeur parlementaire et purement fictive.

M. le ministre nous dit bien « qu'en aucun cas on ne songe ni à fermer ni à interdire les cimetières actuels, » mais il ne nous dit pas qu'on songe soit à les agrandir, soit à les suppléer dans le voisinage de l'enceinte, afin de procurer à tous ceux qu'épouvante cette transportation posthume le moyen de s'y dérober. Et il est à craindre qu'il ne s'agisse simplement d'autoriser les concessionnaires à déposer leurs morts dans les caveaux qu'ils possèdent déjà, jusqu'à ce qu'ils soient remplis. M. Haussmann lui-même n'a jamais dit autre chose, et l'on voit à quoi équivaut cette promesse, qui ne change absolument rien à la question. Qu'on se flatte par là d'affaiblir l'opposition en désarmant ceux qui seraient le plus à même de réclamer tout haut, soit! Mais qu'a de commun une mesure dont l'effet se fera sentir surtout aux pauvres, avec la pure démocratie qui a inspiré le projet municipal?

Quant à la présentation d'une loi, empêchera-t-elle la Chambre de se trouver en présence d'un commencement d'exécution, et d'un *commencement* poussé si loin qu'il ressemble fort à un engagement définitif? Quoi! c'est après quatre années d'études et de travaux poursuivis avec persistance, c'est lorsque tous les achats de terrains sont faits, qu'on vient parler d'un projet de loi ! Où est le respect de la Chambre ? Où sont les convenances, la dignité, les droits de la libre discussion ? Quelle est cette façon de peser sur les votes par la pression des actes, et de demander un avis en disposant toutes choses pour qu'il ne puisse être qu'une ratification ?

Puis, il faut bien le dire, quelque sentiment de honte qu'on en éprouve, au moment de l'interpellation nous en étions venus à ce point que les promesses les plus formelles ne suffisaient pas à dissiper nos inquiétudes. A qui la faute, si plusieurs députés pouvaient se succéder à la tribune pour déclarer, à haute et intelligible voix, qu'ils n'éprouvaient qu'un scepticisme absolu devant les déclarations du gouvernement en général et celles de M. le ministre d'État en particulier ? M. Rouher a si bien compromis sa parole dans les aventures les plus inquiétantes, qu'il avait habitué l'opinion à la considérer non comme celle d'un homme public qui ne doit même pas être soupçonné, mais d'un avocat dont il faut chercher les finesses, les sous-entendu et les arrière-pensées. On sait par expérience ce que la vérité eut toujours de relatif, la conviction de provisoire, l'absolu d'accidentel dans sa bouche.

Nous n'avons point encore eu le temps d'oublier l'étonnante faculté de contradiction dont l'avocat général du gouvernement a donné tant de preuves éclatantes ; la manière dégagée dont il savait se mouvoir, comme le poisson dans l'eau, au milieu des thèses les plus opposées, se plaisant à jongler avec le *pour* et le *contre*, d'une session et quelquefois d'une semaine à l'autre, non pas seulement sur les questions de droit, mais sur les questions de fait, défendant aujourd'hui ce qu'il avait désavoué hier, abandonnant tout à coup ce qu'il avait toujours protégé, se redressant après avoir courbé la tête et l'abaissant après l'avoir fièrement relevée, sachant au besoin faire bon marché de son amour-propre et sacrifier avec héroïsme ses sentiments personnels. Nous n'avons point oublié le génie d'évolution qu'il déployait dans les ruses et les surprises de la stratégie parlementaire, uniquement préoccupé de l'heure présente, sans s'inquiéter de ce qu'il avait dit la veille ni de ce qu'il dirait le lendemain, comme si ses discours étaient des plaidoyers s'envolant sans retour et que *le Moniteur* ne fût pas inventé.

C'est justement sur la question prédestinée des travaux de Paris que MM. les ministres, pris d'émulation et enflammés par l'exemple de leur chef de file, se sont livrés de préférence à cette tactique oratoire consistant à tourner, à esquiver, à distinguer et à expliquer des engagements qui ne semblaient ni avoir besoin d'explication, ni se prêter à aucune équivoque. Le terrain est vaste et propre à ces savantes manœuvres. Pour le Luxembourg, on avait *formellement* promis qu'on ne toucherait pas à un arbre avant la décision du Corps législatif, et *formellement* nié qu'il fût question de tirer un centime de la vente des terrains au profit du budget[1]. Pour le cimetière Montmartre, on avait *formellement* déclaré qu'il s'agissait tout au plus de déplacer vingt-trois tombes; pour le cimetière de Passy, on assurait *formellement* à la tribune, d'après les pièces envoyées par la ville de Paris, « qu'on n'y touche pas du tout, » juste cinq minutes avant d'être forcé de convenir, dans le même discours et avec la même aisance, qu'on était conduit à y prendre quatre cents tombes sur huit cent soixante-quatorze qu'il contient. Le rapporteur de la loi de 1859 sur l'annexion de la banlieue, M. Riché, conseiller d'État, avait *formellement* déclaré ceci : « Exproprier les morts est un sacrilége... Ce serait une calamité publique si on les déplaçait, à moins que le *salut public*

[1] Voy. les discours de MM. Pelletan et Guéroult dans la séance du 12 mars dernier.

ne l'exigeât d'une manière *inexorable*. Ces ossements ne doivent être exhumés qu'au nom de la *nécessité la plus irrésistible et la plus éclatante.* » Le rapporteur de la commission du Trocadéro inscrivait ces paroles à la suite de son rapport, en juillet 1868, afin de marquer énergiquement l'avis de la commission sur l'invasion du cimetière de Passy par la place du Roi-de-Rome, et, le 12 mars 1869, le même rapporteur, jugeant sans doute que cette application sur la blessure d'une citation d'un conseiller d'État, en guise de cataplasme, était suffisante pour la guérir, faisait l'apologie de cette invasion devant la Chambre.

Après quoi, la majorité qui avait applaudi le rapport applaudissait l'orateur, et votait l'expropriation des morts pour couronner d'un rond-point parfaitement inutile un amphithéâtre qui ne sert absolument à rien. L'an dernier, on avait promis *formellement* ce que non moins formellement on promet cette année et ce que l'on promettra de nouveau l'an prochain, — que M. Haussmann ne recommencera plus : sur cette promesse *formelle*, la Chambre a voté, vote et votera, et M. Haussmann a recommencé, recommence et recommencera, sans s'occuper de ces détails, qui sont pure affaire de ministres et ne le regardent point.

Ce qu'il y a de plus effrayant encore que ces volte-face, c'est la manière dont on les nie ou les raisons qu'on apporte pour les justifier. Rien n'étonne nos hommes d'État, rien ne les déconcerte. Pour les tirer d'affaire dans les cas les plus pressants, il suffit de l'expression d'un regret, qui vaut quittance, ou d'une dissertation ingénieuse comme celle où M. le ministre a expliqué l'écart entre les vingt-trois tombes que devait prendre l'an dernier le percement du boulevard de Clichy et les trois cent soixante-seize qu'il prend cette année, et démontré comment l'administration n'a même pas, *dans un certain sens*, atteint ses prévisions, quoiqu'elle ait l'air d'abord de les avoir effroyablement dépassées. Tout dépend du *sens* et de la faculté d'interprétation.

Pour poser un cas, admettons qu'avant le vote du projet de loi, dans l'intervalle des deux sessions, M. le préfet de la Seine commence à enterrer *provisoirement* à Méry, sous la pression d'une *nécessité urgente* et *imprévue*, — comme celle qui existait pour le Trocadéro à la veille de l'Exposition universelle! Croit-on que les commissaires du gouvernement feraient défaut à M. le préfet de la Seine, et les raisons aux commissaires. — quoiqu'il soit plus facile de trouver des commissaires que des raisons — pour provoquer les *très-bien!* les *c'est évident! c'est vrai! voilà la question*, en démontrant soit qu'on n'a pas violé la promesse, soit qu'il était impossible de faire autrement? Et M. Rouher, — ou quelqu'un de ses successeurs — manquerait-il plus qu'à l'ordinaire d'aveux loyaux, de franches explications, d'angoisses patriotiques et de péroraisons chaleureuses sur les passions subversives et les dix-huit ans de gloire et de prospérité de l'empire, pour réduire au silence les insupportables taquineries d'une opposition qui n'a rien oublié?

Ces *bons tours* ont été joués si souvent par M. le préfet, rompu à tous les exercices de haute voltige administrative, que, si l'on ne peut les empêcher, il serait impardonnable de ne les point prévoir. Au mois de juillet dernier, le rapporteur de la commission chargée d'examiner le projet de loi sur le Trocadéro et le Luxembourg s'exprimait devant la Chambre avec cette mélancolie concentrée : « Je dois d'abord, comme organe de la commission, vous manifester son étonnement profond et son regret pénible en voyant que, pour le Trocadéro et le Luxembourg comme dans de précédentes circonstances, l'État et la ville de Paris demandent l'autorisation du Corps législatif lorsque les travaux sont presque terminés. » Pauvre Corps législatif! je conçois ses regrets, mais non son étonnement. Pourquoi les *précédentes circonstances* ne l'ont-elles pas instruit plus vite? Pourquoi surtout avait-il le caractère si bien fait? Que M. le rapporteur tienne son *regret pénible* en réserve : peut-être, malgré la promesse de M. Rouher, pourra-t-il lui servir derechef pour le cimetière de Méry.

Même devant la promesse d'un projet de loi, je regrette donc que la discussion se soit arrêtée. L'arène était ouverte, et ce n'eût pas été peu de chose que de pouvoir influer sur la préparation de ce projet, car lorsqu'une loi est présentée à la Chambre, on peut (on le pouvait du moins jusqu'à présent) la considérer comme à moitié adoptée. Comment espérer que cette loi soit conforme à nos désirs, en présence des faits déjà accomplis et d'une situation engagée; en présence aussi des éloges touchants décernés aux études préfectorales par M. le ministre, empressé de racheter ses concessions précédentes et de désarmer le mécontentement du terrible préfet? C'est à nous, sans illusion, mais sans découragement, d'achever la tâche en complétant l'interpellation étouffée dans son germe, puisqu'il en est temps encore et que la Chambre l'a recommandée à l'examen du gouvernement[1].

[1] Dans la session de 1869, le conseil général de Seine-et-Oise, renouvelant et accentuant son opposition, vient d'émettre le vœu suivant :

« Le conseil général,

« En présence des protestations qui se sont élevées dans le département de Seine-et-Oise contre le projet d'établissement d'un cimetière parisien à Méry ou sur tout autre point du département, et de la déclaration faite par le gouvernement au Corps législatif que cet établissement ne pourra être créé qu'en vertu d'une loi;

« La troisième commission entendue, émet le vœu que, dans le cas où le gouvernement croirait devoir présenter cette loi, une enquête soit faite dans le département de Seine-et-Oise, et que le conseil général soit consulté;

« Renouvelle les vœux émis dans sa dernière session qu'aucun che-

II

Maintenant exposons le système et le plan de l'administration. Mais, auparavant, il faut donner quelques renseignements précis sur la future nécropole.

L'emplacement choisi est un vaste espace situé à 25 kilomètres environ au nord de Paris, appartenant à trois cantons du département de Seine-et-Oise, mais dont la plus grande partie dépend de la commune de Méry. On a assez improprement qualifié de plateau ce terrain inégal, dont les dépressions atteignent plus d'une fois le fond de la vallée, et l'on en a exagéré aussi la stérilité, qui est loin d'être absolue ; néanmoins le sol, généralement sablonneux et reposant sur une masse calcaire, ne produit dans sa plus grande partie que des mousses, des arbustes et des broussailles.

L'espace acheté par la ville de Paris pour le cimetière futur offre un périmètre d'une configuration bizarre, qu'on peut comparer à celle d'un triangle, ou plutôt d'un cœur. Y compris un certain nombre de lots enclos dans l'enceinte, mais dont les propriétaires n'ont pas jusqu'à présent voulu consentir à la vente, son étendue est d'environ 850 hectares[1]. L'immense nécropole aura environ 12 ki-

min de fer mortuaire ne soit concédé sans que le conseil général ait été consulté.

« M. le président du conseil général est invité à vouloir bien transmettre lui-même cette délibération à M. le ministre de l'intérieur. »

[1] Ce qui, déduction faite de l'espace nécessaire pour l'établissement des bâtiments d'administration, de la chapelle et des voies de circulation à l'intérieur, laissera pour le service des inhumations une superficie probable de 650 à 690 hectares. L'angle rentrant que fait le cimetière au sud-ouest provient de la plus grande cherté des terrains sur ce point, où ils sont propres à la culture.

lomètres de tour : c'est une étendue presque égale au tiers de Paris et supérieure à celle de plusieurs capitales.

Les journaux officieux font l'éloge du site. « C'est, dit *le Constitutionnel* de la fin d'avril 1867, une colline solitaire, d'où le regard embrasse un panorama aux lignes ondoyantes, aux perspectives immenses... L'homme des champs fixé à Paris ne regrettera plus le cimetière de son village, » ajoute en un mouvement digne d'être transmis à la postérité ce journal longtemps inimitable en son genre. *Le Constitutionnel* de M. Limayrac pouvait seul avoir cette idée lumineuse de défendre Méry-sur-Oise au nom de « l'homme des champs fixé à Paris. »

Mais qui croire du *Constitutionnel*, s'étendant sur les *perspectives immenses* qu'on voit du plateau de Méry et les faisant valoir comme un argument, ou de M. Haussmann déclarant, dans la discussion du Sénat, vingt jours auparavant, que l'emplacement de Méry a été reconnu le plus favorable de tous, parce qu'il est sur un plateau désert, « qui n'est vu de nulle part, et d'où l'on ne voit rien ? » — Ni l'un ni l'autre, M. le préfet toutefois beaucoup moins que *le Constitutionnel*. Des divers points de cet emplacement, « d'où l'on ne voit rien, » on aperçoit, non des perspectives immenses, mais toute la plaine, la ville de Pontoise et vingt villages. Le plaidoyer de M. Haussmann a besoin de quelques retouches.

Le chemin de fer se rendra, sans s'arrêter, du cimetière Montmartre au cimetière de Méry en vingt-cinq minutes, dit-on. Un débarcadère sera élevé à l'entrée de la grande nécropole parisienne, que précédera une avenue large de 20 mètres, longue de 6 à 700. Là, les aumôniers des dernières prières recevront les corps dans les chapelles funéraires et les accompagneront à la tombe.

Le plan officiel de l'administration permet de calculer ce que serait tout enterrement futur, après l'ouverture de la nécropole et l'établissement de la ligne spéciale qui doit y conduire.

Le convoi part de la maison mortuaire, se rend à la paroisse, puis à l'un des trois anciens cimetières compris dans l'enceinte de Paris. Dans chacun d'eux s'élèvera un embarcadère, pourvu d'une église avec des chapelles en nombre suffisant pour les besoins du service : c'est là qu'auront lieu, avant le départ pour l'asile suprême, les derniers honneurs et les derniers adieux. Les morts appartenant à la circonscription du cimetière Montmartre partiront directement pour Méry ; ceux du Père-la-Chaise et de Montparnasse devront d'abord gagner cette tête de ligne par des voies ferrées qui se relieront au chemin de fer de ceinture.

Les cérémonies achevées, les cercueils sont placés dans des *wagons-corbillards*, « sur chaque compartiment desquels il sera mis une inscription indiquant le nom du défunt et le numéro de l'arrondissement d'où il vient[1]. » Une fois les *colis* funèbres dûment casés et étiquetés, les parents prennent place dans la partie antérieure du wagon, la vapeur siffle, et quarante morts s'acheminent côte à côte vers Méry.

Ainsi, pour quiconque voudra s'associer à tous les détails de la cérémonie, voici la série de voyages qui s'ajouteront les uns aux autres et tous les tronçons de chemin qu'il faudra mettre bout à bout :

Départ pour la maison mortuaire.

De la maison mortuaire à l'église.

De l'église au cimetière parisien. Là se terminent aujourd'hui les obsèques ; tout le reste constitue le nouveau système et représente ce qui va s'ajouter à la moyenne actuelle.

Du cimetière parisien (si ce n'est pas celui du Nord) au chemin de fer de Ceinture.

Du chemin de fer de Ceinture au cimetière du Nord (6 kilomètres).

[1] Vafflard, *Notice sur les champs de sépulture*, p. 30.

De Montmartre à Méry (23 kilomètres).

Le voyage de l'embarcadère jusqu'à la fosse, dans l'immense nécropole de Méry, et de la fosse jusqu'à l'embarcadère.

Le retour à Paris, c'est-à-dire encore 29 kilomètres jusqu'au cimetière de l'Est ou du Sud, sans parler de la distance qu'il restera à franchir pour rentrer chez soi.

Le voyage de Montmartre à Méry, qui semble d'abord constituer tout le trajet, n'en est donc que la partie centrale, autour de laquelle viennent se grouper une foule d'autres. A l'arrivée, comme au départ, il faut parcourir de longs espaces, — dans Paris, avant d'atteindre la tête de la ligne; dans le cimetière, pour gagner la fosse. Le voyage derrière le cercueil à l'intérieur de cette nécropole aussi grande qu'une ville de cent mille âmes pourrait même devenir tellement laborieux, tellement impossible par les mauvais temps, qu'il faudra absolument recourir au chemin de fer circulaire indiqué sur les plans de l'enquête, et dont il n'a plus jamais été question, ni dans les discours ou les communiqués de M. Haussmann, ni dans les brochures et les articles consacrés au projet. Comment veut-on qu'on puisse s'acheminer à pied, à travers des chemins sablonneux et défoncés par la pluie, jusqu'à l'autre extrémité du cimetière, c'est-à-dire à 3 kilomètres au moins? Il est clair qu'on devra enterrer par zones successives, en déplaçant le débarcadère funèbre suivant les nécessités. Le chemin de fer s'arrêtera, pour décharger son lugubre fardeau, dans le voisinage de la partie du cimetière attaquée par les fossoyeurs, sans pouvoir toutefois supprimer les longs trajets qui resteront à faire de l'enceinte extérieure jusqu'à l'extrémité du rayon.

Avec la gare, la tribu des marchands, des jardiniers, des restaurateurs, des marbriers, qui ont intérêt à guetter l'arrivée des familles et à les surprendre au passage, ne sera-t-elle pas tenue de se déplacer aussi, du moins en partie? On aura de la sorte l'enterrement nomade et ambulatoire. Que les industriels qui se partagent déjà en idée les lots de la Garenne y réfléchissent bien. Il est vrai que c'est de ce côté qu'on commencera, et que là aussi peut-être restera toujours l'entrée principale, celle par où pénétreront les piétons, celle où s'arrêteront les trains destinés aux visiteurs, condamnés le plus souvent à d'interminables expéditions à travers ces steppes de la mort pour joindre la tombe sur laquelle ils viendront prier.

S'il en est ainsi, et je ne crois pas qu'il puisse en être autrement, le parcours circulaire de la vaste nécropole viendra s'ajouter au total du trajet définitif et compliquer d'autant un voyage déjà si long.

D'après le tableau du service des convois, dressé par l'administrateur des pompes funèbres[1], il y aura par jour huit trains mortuaires. Les départs de l'embarcadère général de Montmartre se feront d'heure en heure, depuis neuf heures du matin jusqu'à quatre heures du soir inclusivement; mais les deux premiers convois n'étant destinés qu'aux visiteurs, il ne faut point les faire entrer en ligne de compte. C'est à partir de 11 heures seulement que les cercueils pourront circuler. Tout enterrement devra commencer désormais avant une heure de l'après-midi, autrement il ne pourrait arriver à temps au cimetière Montmartre pour prendre le train de quatre heures, qui est le dernier du jour. Et même, en hiver, les convois partis par ce train devront s'achever à la lumière, et les parents revenir en pleine nuit.

La durée de ces diverses phases des obsèques futures a été minutieusement établie. Il résulte de ces calculs que, pour arriver seulement à l'embarcadère du cimetière Montmartre, il faut compter sur une moyenne de trois

[1] *Notice sur les champs de sépulture anciens et modernes de la ville de Paris*, IIe partie.

heures, qui peut même s'élever plus haut[1]. Encore a-t-on pris pour type un enterrement ordinaire très-simple, sans messe haute, et qui s'accomplit, pour ainsi dire, avec une régularité mathématique ; l'accident et l'imprévu, qu'on n'évite jamais entièrement, n'y entrent pour rien, et il est à croire que, dans la plupart des cas, les complications et les retards habituels viendront se jeter à la traverse et déranger l'économie de ces tableaux tracés avec une si laborieuse précision. Les morts manqueront le train comme les vivants. En admettant que les départs aient réellement lieu toutes les soixante minutes, l'extrême difficulté de faire concorder exactement la fin des cérémonies avec le moment du départ pourra allonger souvent d'une heure la durée déjà énorme des obsèques, à moins que les convois n'attendent patiemment qu'on ait complété la triste cargaison avant de se mettre en marche. Le plus léger délai, une phrase de trop dans un discours, un défilé trop long devant un cercueil, un prêtre plus âgé ou plus lent, il n'en faudra pas davantage pour amener un dérangement dans les *correspondances*, et cette première partie des funérailles, accomplie sous la préoccupation constante de l'heure fixe et avec la crainte d'un retard toujours présente à l'esprit, prendra presque forcément l'allure d'un exercice militaire, où les hommes sont remplacés par des machines.

[1] La première partie de la cérémonie, c'est-à-dire le trajet de la maison mortuaire à l'église et le service religieux, dépouillée de toutes les circonstances accessoires et réduite à sa plus simple expression, remplit d'abord une heure. Le trajet de l'église à la gare spéciale du cimetière, calculé à raison de 4 kilomètres l'heure, ce qui est beaucoup peut-être pour des convois marchant à pas lents dans les rues de Paris, peut s'élever à une heure encore. Les dernières prières et les derniers adieux, puis le trajet de la gare spéciale à l'embarcadère général prendront un temps plus ou moins long, suivant le cimetière auquel on se sera rendu — cinquante-cinq minutes si c'est à Montparnasse, un peu moins si c'est au Père-la-Chaise — et s'il n'y a pas de discours.

III

Tout calculé et tout compris, il faudra donc désormais la journée entière pour accompagner les restes d'un parent ou d'un ami jusqu'à sa dernière demeure. Ceci soulève un premier ordre d'objections, les moins graves de toutes assurément, et qui ont néanmoins leur importance.

La question de temps touche à celle de la dépense, et je ne veux que les indiquer l'une et l'autre, sans y appuyer autant qu'on le pourrait. Cette longue cérémonie coûtera nécessairement fort cher, quelles que soient les réductions promises. Les frais du chemin de fer mortuaire et de ses annexes se surajoutent purement et simplement à ceux des pompes funèbres, restés les mêmes qu'auparavant, et si le transport à Méry est gratuit pour les indigents, cette juste faveur devra trouver une compensation d'autre part : on nous la fera payer à nous-mêmes, car il faudra bien que la ville tire de ses travaux un prix rémunérateur et que, d'une manière quelconque, elle rentre dans ses frais[1]. N'oublions pas, du reste, que les plus pauvres et les pauvres les plus dignes d'intérêt ne sont pas toujours ceux qui figurent sur les listes des bureaux de bienfaisance. Pour réclamer et obtenir la gratuité de transport,

[1] A raison de 4 centimes par voyageur et par kilomètre, la dépense effective du transport à Méry (aller et retour) sera de 2 fr. 32 par personne, ce qui, en prenant les moyennes fournies par les tableaux des pompes funèbres, dans l'état actuel, donnerait un total de 71 fr. 92 par convoi et de 10,788 francs pour les cent cinquante convois journaliers, sans compter les visiteurs. (Chenel, *Note sur les nouveaux cimetières.*)

il faudra être un indigent reconnu, un indigent *officiel*, qui a le courage de sa misère; pour souffrir d'un pareil état de choses, il suffira de n'être point riche.

Qui ne sait le prix déjà exorbitant de tout ce qui se rapporte aux pompes funèbres à Paris? L'enterrement d'un être aimé, où la reconnaissance et les regrets (la vanité quelquefois, hélas!) cherchent une satisfaction dans d'éclatants témoignages de deuil, suffit souvent à déranger pour bien des mois l'équilibre financier d'un ménage modeste. Il y a un vieux proverbe populaire qui dit qu'il faut être rentier pour avoir le moyen de mourir à Paris. Que sera-ce donc désormais, et quel trouble profond n'apportera point ce nouveau mode d'enterrement dans le budget d'une ouvrière qui gagne vingt-cinq sous par jour et qui a la louable et noble fierté de ne point recourir à l'assistance publique; d'un artisan chargé de famille, dont le travail ne suffit qu'à donner le pain du jour à sa femme et à ses enfants[1]?

Mais ces difficultés matérielles et subalternes ne sont, pour ainsi dire, que la préface d'objections morales bien autrement sérieuses. Ces prémisses vont directement aboutir aux conséquences les plus déplorables. Il est clair que le premier effet de la mesure, et le plus immédiat, sera d'amoindrir singulièrement, de supprimer en quelque façon le cortége pieux des amis qui se font aujourd'hui un devoir d'accompagner le défunt jusqu'à la tombe. Lorsqu'il s'agira de perdre une journée entière, les nécessités du travail quotidien suffiront à faire reculer les mieux disposés. De leur côté, les indifférents et les frivoles saisiront avec empressement ce moyen de se libérer des sévères obligations du deuil. Et ainsi, tandis que la durée de la cérémonie et l'éloignement du champ de repos accroîtront la douleur des familles par la multiplication de ces détails

[1] Ces considérations ont servi de base à une pétition d'ouvriers (*Temps* du 19 décembre 1867), revêtue de nombreuses signatures et qui devait être envoyée à l'empereur.

qui appesantissent et traînent l'esprit sur l'idée pénible d'une séparation éternelle, les mêmes causes contribueront d'autre part à l'affaiblissement progressif du culte des morts.

L'administration le sait si bien que, dans sa pensée, les chapelles qu'elle élèvera dans chaque cimetière parisien, auprès de la gare funèbre, sont destinées à recevoir les derniers adieux : « C'est là, dit M. Vafflard, que la cérémonie se terminera pour les invités. » Il le faut, car il y aurait impossibilité matérielle de les transporter tous[1]. Supposez quelqu'un de ces grands deuils nationaux où l'émotion de la France s'associe à la douleur d'une famille, les funérailles d'un général Foy, d'un Benjamin Constant, d'un Berryer ! Bon gré, mal gré, la foule devra s'arrêter à distance du tombeau ; le cercueil qui emporte la gloire et l'honneur du pays prendra place à côté de trente autres, dans le wagon-corbillard, à l'avant duquel un seul compartiment sera réservé pour la famille et les intimes[2], et dix personnes escorteront jusqu'au dernier asile l'homme qui devrait avoir Paris autour de sa tombe !

Mais que parlé-je d'un illustre ! Le plus obscur, s'il a trouvé vingt amis pour l'aimer, ne souffrira pas moins dans les hommages dus à ses restes mortels. Renonçons pour jamais à cette touchante coutume de l'adieu sur la fosse

[1] Qu'on songe d'abord à l'encombrement du chemin de fer de ceinture, dont la circulation recevra un accroissement de huit convois quotidiens venant du Père-la-Chaise et d'un égal nombre venant de Montparnasse, pour se rendre à Montmartre. Que serait-ce si ces convois emmenaient avec chaque cercueil un cortége considérable? En outre, les cent cinquante morts que fournit Paris par jour — et ce nombre ne fera qu'augmenter — répartis entre six convois (puisque les deux premiers ne sont pas consacrés aux obsèques), donneront une moyenne, pour chacun, de vingt-cinq enterrements, moyenne qui s'élèvera de beaucoup à certaines heures, vers le milieu du jour, pour s'abaisser le soir et surtout le matin. Comment un chemin de fer unique pourrait-il suffire, dans les conditions habituelles, à tant de funérailles?

[2] Voy. le rapport de M. Boudet, déposé au Sénat le [illegible] avril 1867.

ouverte, de l'eau bénite jetée sur le cercueil déjà déposé dans les entrailles de la terre !

M. le préfet est-il même bien sûr que son unique chemin de fer suffise au transport des cadavres en cas d'épidémie? Je ne parle point des erreurs et des confusions possibles dans cette triste cohue ; mais figurez-vous le choléra à Paris, — hypothèse qui n'a rien de trop audacieux, — et trois à quatre cents cercueils, peut-être plus, devant partir chaque jour par six convois ! Figurez-vous les vivants contraints de s'asseoir au milieu de ces multitudes de bières d'où s'exhale la peste, et de voyager en leur compagnie ! Même en admettant qu'on doublât le nombre des trains, quel horrible entassement, quelle cause d'infection concentrée, accumulée, répétée sans cesse sur le même point ! Quel « thermomètre terrible de la santé publique[1] » exposé en permanence à tous les regards ! Pour peu qu'on songe encore, par une autre hypothèse qui n'est pas plus téméraire, à un accident, au choc de deux convois, dans la précipitation lugubre imposée par le deuil public ; à un déraillement, à l'explosion d'une chaudière, combien les conséquences, toujours funestes, de ce malheur ne deviendraient-elles pas plus épouvantables ! L'imagination peut-elle s'arrêter sans horreur et sans dégoût à un pareil tableau ?

Outre les morts et ceux qui les accompagnent, il y a les visiteurs quotidiens des cimetières, où les uns viennent satisfaire leur curiosité ; les autres, et le plus grand nombre, remplir un pieux devoir. Certains jours sont particulièrement affectés, par un usage digne de tous les respects, à ces pèlerinages funéraires. L'une des plus touchantes, parmi ces coutumes du peuple, est celle qui ramène au pied des tombeaux, le 1er janvier, une foule empressée de souhaiter *la bonne année* à ceux dont la mémoire lui est chère : superstition, si l'on veut, mais superstition poé-

[1] Discours de M. Jules Simon, dans la séance du 28 janvier 1868.

tique et charmante, jaillie du cœur, et que le plus rigoureux moraliste n'aurait pas le courage de condamner. C'est surtout aux jours de la Toussaint et de la fête des Morts, qu'une affluence énorme se presse dans les cimetières parisiens ; le Paris vivant s'ébranle tout entier pour aller rendre visite au Paris funèbre. En ce triste et doux anniversaire, qui rouvre les blessures mal fermées et renouvelle la source des pleurs, les plus indifférents veulent s'agenouiller sur les ossements de ceux qui leur furent chers ; les prières coulent du cœur avec les larmes ; on se retrempe dans les affections et les souvenirs, et l'âme d'un fils, d'un père, d'un époux, revient se mettre en communication avec les âmes qui l'invoquent.

Quelques chiffres ne seront point ici déplacés, et l'administration ne pourra les tenir pour suspects, car je les emprunte à ses propres documents. En 1866, pendant les deux jours de la Toussaint et de la fête des Morts, il est entré 260,000 visiteurs au seul cimetière Montmartre, qui n'est ni le plus grand, ni le plus anciennement ouvert, ce qui donne un total de 780,000 au moins pour les trois cimetières renfermés dans l'enceinte de Paris. Et cette masse énorme devrait s'accroître encore avec la progression continue de la population parisienne. Est-il nécessaire d'ajouter un mot pour démontrer, en face d'un pareil chiffre, l'impuissance absolue du chemin de fer municipal? Lors même que l'éloignement ne serait pas un obstacle trop suffisant pour la plupart, cette impuissance se dresserait comme une barrière infranchissable en face des pèlerins. Elle deviendra de plus en plus criante, à mesure qu'avec les années le chiffre des inhumations augmentera dans la nécropole de Méry, et les moyens de transport ne pourront suffire à la dixième partie de leur tâche, si largement qu'on veuille calculer le nombre de ceux que rebutera la longueur du voyage, qui seront arrêtés par le manque de temps, la tyrannie des affaires, la crainte de la dépense, ou qui profiteront du déplorable prétexte fourni aux négligents et aux oublieux pour mettre leur indifférence à l'aise. Et il est à craindre que, pour un certain nombre de gens du peuple qui persisteront dans cette coutume, la longueur du voyage ne change le pèlerinage funèbre en partie de plaisir.

Bien plus : loin de répondre à ces nécessités exceptionnelles, la voie ferrée ne suffira même pas aux besoins, aux habitudes des jours ordinaires, et ne parviendra à les satisfaire qu'à la condition de commencer par les réduire et les changer[1]. C'est justement ce dont il faut se plaindre. Savez-vous comment certains partisans du cimetière de Méry répliquent à cette observation, dont ils sont bien forcés de reconnaître la justesse ? Leur réponse mérite d'être citée comme un aveu : « Selon nous, le respect pour les morts ne s'affirme pas uniquement par les visites bruyantes d'un Longchamps mortuaire, où les tombes se trouvent un instant animées, pour, le lendemain et le reste de l'année, retomber dans le vide et le silence. » Jamais nous n'avons dit que le respect pour les morts s'affirmât *uniquement* par là, et le panégyriste de M. Haussmann se fait la partie trop belle par cet adverbe insidieux, comme par l'épithète bizarre dont il qualifie les pèlerinages du 2 novembre, qui n'ont jamais passé pour *bruyants*, et par l'assertion purement gratuite qui termine sa tirade. Il décrit ensuite le sanctuaire funèbre que s'est formé le fils d'un homme illustre ,n réunissant dans une chambre tous les objets qui appartinrent à son père, et il s'écrie : « Voilà comme je comprends le culte des morts; mais je

[1] Chaque convoi est suivi en moyenne par 31 personnes. — Le relevé des personnes entrées dans les trois grands cimetières de Paris les jours ordinaires, tant pour accompagner les convois que pour visiter les tombes, est d'environ 9,400 — et on sait qu'il y a cinq ou six autres cimetières plus petits. Cette moyenne s'élève, les dimanches, jusqu'au chiffre de 12,000 ; elle le dépasse dans les dimanches qui avoisinent la Toussaint et la Fête des morts. (Voy. les tableaux dressés par M. Vafflard, ans sa *Notice sur les champs de sépulture.*)

le comprends moins dans les agenouillements devant la pierre froide d'un sépulcre, d'où le plus intrépide s'éloignerait épouvanté, si tout à coup elle s'ouvrait[1]... » Eh bien, c'est précisément parce que nous savons comment vous *comprenez*, et comment vous ne *comprenez* pas le culte des morts, que nous ne voulons point du système qui vous séduit. Votre justification conclut contre vous, et votre idéal nous fait peur.

L'administration, qui n'ose personnellement s'appuyer sur de si belles raisons, redoutait tellement tout d'abord cette impossibilité, qu'elle y voyait, en 1864, un argument péremptoire contre son projet de 1865 : « L'autorité préfectorale, écrivait alors le directeur des pompes funèbres dans sa brochure administrative[2], ne perdra pas de vue que les nouveaux cimetières doivent être fréquentés par une population qui professe toujours la plus grande vénération pour le culte des morts, et que ce serait, en quelque sorte, froisser ses plus chers sentiments que de placer les cimetières à une distance de Paris qui lui en rendît la fréquentation onéreuse, et, par suite, impossible. Cette observation paraîtra suffisamment justifiée par l'affluence immense de la population parisienne, qui, aux jours de la Toussaint, envahit nos cimetières, et l'autorité *ne manquera certainement pas* d'en peser toutes les conséquences et d'en tenir compte... Si le déplacement de nos cimetières est commandé par l'intérêt de la santé publique, l'autorité qui ordonnera cette mesure ne voudra pas priver la population parisienne des moyens d'accomplir un pieux pèlerinage ou d'accompagner ses morts jusqu'à leur dernière demeure, en plaçant à une trop grande distance les nouveaux cimetières. »

On ne saurait mieux dire, ni plus fortement insister. M. l'administrateur des pompes funèbres était même

[1] *Patrie* du 13 novembre 1868.
[2] *De la Translation des cimetières de Paris*, in-4, p. 2.

tellement convaincu, il faut lui rendre cette justice, que, dans sa brochure de 1867, celle où il entreprend, par nécessité d'état, l'éloge du projet dont il avait si vertement fait la critique en 1864, il ne nous apparaît pas aussi converti sur ce point qu'il en voudrait et qu'il en croit peut-être avoir l'air. Il laisse échapper çà et là ses inquiétudes d'homme du métier, en une foule de restrictions vagues et de formules dubitatives, curieuses à recueillir sous la plume de l'homme chargé de présenter le système, de l'expliquer et de le défendre :

« On *peut admettre*, dit-il, en parlant des voies de communication entre Paris et son nouveau cimetière, qu'elles suffiront pour donner satisfaction à tous les besoins ordinaires du service. »

Mais « restera à résoudre la question de savoir comment, aux jours de la Toussaint et des Morts, le chemin municipal pourra transporter les visiteurs... Cette circulation exceptionnelle *pourra probablement* être assurée par l'emploi de moyens exceptionnels. »

« *Espérons*, s'écrie-t-il encore plus loin, que l'administration municipale *aura le pouvoir* d'accomplir l'importante mesure,... pécuniairement dispendieuse, et *moralement bien lourde*,... que les circonstances lui imposent. »

« *Il semble*, tant la routine a d'empire sur les esprits, que ces changements... viennent porter atteinte aux sentiments les plus intimes. »

Il le semble, en effet ; il le semblait à l'auteur lui-même trois années auparavant, et, si je ne m'abuse, il le lui semble encore un peu aujourd'hui.

Voilà le grand crime du projet : c'est qu'il aura pour résultat naturel et forcé d'affaiblir, de gêner, de supprimer peut-être chez beaucoup, ce culte des morts, la seule religion qui reste à la plus grande partie du peuple parisien. C'est par ces désastreuses conséquences morales que se distinguent toutes les améliorations matérielles de

M. Haussmann. Je sais bien que les questions de sentiment sont fort dédaignées par les hautes intelligences administratives de l'Hôtel de Ville, et que M. le baron les abandonne aux enfants et aux femmes. Qu'il nous fasse au moins grâce de ses protestations, et qu'il frappe ce coup funeste, puisqu'il en a le pouvoir, sans jurer de son respect profond pour les *susceptibilités légitimes* et pour les *sentiments les plus dignes d'intérêt*, de la mesure et de la prudente réserve avec laquelle il agit dans une question si grave, où il n'a apporté ni mesure, ni réserve, ni respect de la loi, ni respect d'un sentiment quelconque.

M. Haussmann, — il le sait, et c'est une responsabilité qui ne lui pèse pas, — va couper court à ces pèlerinages de la tombe. Il va, dans un avenir plus ou moins rapproché, fermer ces villes funèbres qui s'ouvraient, à la porte des villes agitées par le bruit de la foule et la fièvre de la vie, comme des asiles de recueillement, de prières et de souvenirs. On dit que les trois cimetières de Paris resteront ouverts au visites et aux regrets ; que l'on conservera pieusement ces vastes musées de la mort, où dorment dans la poussière sainte les générations de nos pères. Alors même qu'il en serait ainsi, toutes les objections matérielles et morales que soulève la création d'une nécropole si lointaine ne seraient en rien affaiblies ; mais il faudrait, pour l'admettre, plus de crédulité que ne nous en a laissé l'expérience. Ouverts, ils le resteront cinq ans, je le veux bien, dix ans peut-être ; mais dans cinq ans on les sillonnera de rues ; dans dix ans, on les supprimera. Avec le développement continu de Paris, et cette tendance, de plus en plus dominante, à utiliser jusqu'aux moindres parcelles de terrain, ils deviendront, comme le Luxembourg, un obstacle à la circulation. On trouvera des gens pour se plaindre de ces vastes espaces improductifs, qui gênent les piétons et obligent les omnibus à prendre un détour. Et M. Haussmann, qui fait passer un boulevard à travers le cimetière Montmartre en plein exercice, se gênera assurément beaucoup moins encore pour lancer une douzaine de rues à travers des nécropoles sans emploi. Rien de plus facile, d'ailleurs, d'après les théories que professe M. le baron, et qu'il a développées sans fard dans des *communiqués* innombrables : puisque les concessions perpétuelles ne constituent pas un droit de propriété, et que notre premier magistrat municipal, de par l'article 5 d'une ordonnance de 1840 (qu'il cite), et malgré l'article 8 de cette même ordonnance (qu'il ne cite pas), déclarant formellement qu'elle n'est point applicable aux cimetières de Paris, se prétend autorisé à remplacer, à sa fantaisie, toute concession par un terrain équivalent, ce serait pousser la candeur jusqu'à la duperie de croire que la fermeture des cimetières lui inspirera plus de scrupules dans l'exécution légale des contrats. La foi, parvenue à un degré tellement surnaturel, est une de ces grâces d'état auxquelles on ne peut prétendre à moins de faire partie du journalisme officieux.

Ainsi donc, pas l'ombre d'une illusion possible : la fermeture des cimetières parisiens a pour but l'achèvement du réseau stratégique. Nous verrons les ossements, surpris dans l'asile inviolable des tombeaux, transportés pêle-mêle aux catacombes ou à Méry, et les pioches de la préfecture remuer ce sol et jeter au vent cette poussière imprégnée de la cendre des morts. — Mais nous avons la promesse solennelle de M. Haussmann. — Il est vrai, et je fais de ce gage tout le cas que je dois. Personne ne sait mieux que moi l'estime respectueuse que mérite une promesse de M. le préfet : il a pris soin de nous l'inculquer lui-même dans ses discussions sur le Luxembourg, sur le cimetière Montmartre, et sur quelques autres sujets. Dieu fasse paix aux promesses de M. Haussmann !

Le culte des morts ne reçoit pas seulement une atteinte par les conditions d'éloignement du nouveau cimetière ; il ne sera pas moins compromis par le caractère même que devront désormais revêtir les funérailles dans le système projeté. L'introduction du chemin de fer et de la vapeur dans les pompes funèbres, les morts numérotés, estampillés, étiquetés, chargés par des treuils, emportés à grande vitesse et à grand fracas, ce je ne sais quoi de mathématique, de sec et de brutal qu'entraîne après soi l'emploi des machines, faisant invasion de toutes parts dans le domaine du recueillement et du deuil ; le mouvement de l'embarcadère, la hâte et le tumulte du départ, les employés qui vont et viennent, les familles qui se croisent, qui s'appellent, qui s'embrouillent, qui se pressent, les coups de cloche et les coups de sifflet, c'est un tableau que l'imagination entrevoit et que la réalité dépassera. Il blesse les esprits les moins délicats : je ne dis pas cela pour M. le préfet.

Mais, réplique-t-on, c'est ainsi que les choses se passent en Angleterre. — Quand l'opposition demande à la tribune la liberté comme en Angleterre, on lui répond que tout diffère chez les deux peuples ; que les diversités de race, de caractère, d'histoire, s'opposent à de pareils rapprochements, et que la fierté nationale s'offenserait de ces emprunts serviles. Mais quand nous rejetons le cimetière de Méry, on nous répond qu'il est calqué sur le système suivi par l'Angleterre, ce grand peuple qui serait le premier du monde, si la France n'existait pas ! On nous refuse ses institutions, et l'on veut nous imposer ses funérailles !

Il est bien vrai que, depuis près de quinze ans, à la suite d'un acte du parlement qui ordonnait la fermeture des innombrables cimetières *intra muros*, établis pour la plupart à l'ombre des églises, on a ouvert à 24 milles de Londres, à Woking, une nécropole où les corps sont transportés chaque jour par une voie ferrée. Nous pourrions nous borner à répondre que si la chose plaît aux Anglais, cela ne nous concerne en rien ; mais nous n'avons garde d'écarter aussi sommairement un exemple dont les habiles ont beaucoup abusé contre les ignorants. Il est bon d'examiner en face ce qu'il vaut au juste; on va voir qu'il ne vaut pas grand'chose, et que, loin de conclure contre nous, il se retourne de la façon la plus décisive contre ceux qui l'allèguent.

Oui, Londres a une nécropole à neuf lieues; mais ce que ne disent pas ceux qui allèguent d'un air triomphal ce singulier argument, c'est que Londres possède un très-grand nombre d'autres cimetières plus petits, qui entourent la ville dans un rayon de 10 à 12 kilomètres, à partir du point central de Charing-Cross, par conséquent à proximité de son enceinte[1], si l'on peut parler de l'enceinte d'une ville qui s'étend indéfiniment et se confond, pour ainsi dire, avec les campagnes environnantes. La plupart même ne sont séparés de Londres par aucune solution de continuité, ainsi que j'ai pu m'en convaincre par une visite aux principaux d'entre eux. Comme *London Necropolis*, ces champs de repos sont concédés à des compagnies particulières, qui se chargent de l'entreprise des funérailles et de l'entretien des tombes. Les innombrables familles qui ne veulent pas laisser déporter leurs morts au loin sont donc parfaitement libres, grâce à l'esprit d'initiative privée, si largement développé en Angleterre, et aux garanties qu'il trouve dans toutes les habitudes et les lois du pays, de s'adresser ailleurs. Nous ne demandons pas autre chose. Que M. Haussmann ouvre son ossuaire de Méry-sur-Oise, s'il le veut, pour les esprits forts à qui sourit cet exil de la tombe; que M. Feydeau, M. Barrière, les rédacteurs de *la Patrie*, M. Haussmann lui-même et tous les chefs de bureaux de l'Hôtel de Ville aillent s'y faire enterrer s'ils le jugent à propos, nous n'avons à

[1] Voy. la liste des seize principaux dans la première brochure de M. Vaffard, p. 22. Les plus grands sont *Kensal Green* et *City of London*. La superficie des deux cimetières qui forment *London Necropolis* est de 1,000 acres, ou plutôt de 400, car il n'y en a que 400 d'enclos, et celle de tous les autres réunis dépasse de beaucoup cette dernière mesure.

soulever aucune objection, pourvu qu'on nous accorde le droit de suivre notre goût comme ils suivent le leur. — L'exemple de New-York n'a pas été cité avec plus de bonheur que celui de Londres. Là aussi la liberté guérit les maux de la centralisation, et ceux qui ne veulent point du grand cimetière lointain, dont l'idée répugne à plus d'un Yankee même, peuvent enterrer leurs morts autour des chapelles et des églises de la ville[1].

Mais ne nous contentons pas d'écarter cet argument par une fin de non-recevoir, si légitime et si concluante qu'elle soit. Je m'étonne qu'on propose à une ville catholique, à celle peut-être où le culte des morts est le plus en honneur, l'exemple d'un pays protestant (comme M. le préfet lui-même, il est vrai), où ce culte, de l'aveu de tous, n'existe en aucune manière. Il suffit d'avoir vu les cercueils, à peine suivis de trois ou quatre parents, emportés par les rues de Londres dans un fourgon fermé, sans que personne songe à se découvrir, et d'examiner ensuite nos corbillards marchant avec une lenteur solennelle, escortés d'un nombreux cortége, salués sur leur route par tous les passants, par l'ouvrier en blouse et par le banquier dans sa voiture, par l'incrédule, le matérialiste et l'athée aussi bien que par le catholique, pour sentir aussitôt l'injure qu'on fait à Paris en voulant l'assimiler à Londres sur ce point.

Pour l'Anglais, comme pour l'Américain — ai-je besoin de dire que je fais les exceptions séantes? — le mort est une non-valeur; c'est un capital supprimé de la circulation. Descendons dans tous les détails des obsèques, dans tous les replis de la question funéraire, et ce caractère, qui nous a frappés du premier coup, se marquera de plus en plus. Le service des pompes funèbres est presque nul à Londres; la maison n'est point décorée de tentures;

[1] Voy. l'excellente *Déposition de M. Lefèvre-Portalis dans l'enquête*, p. 1..

l'assistance, toujours extrêmement restreinte, comme je l'ai dit, — et c'est là seulement ce qui rend possible, même dans les limites très-restreintes où il fonctionne, l'emploi du chemin de fer funèbre, — se rend droit au cimetière. La fête des Morts n'existe point; au lieu de devenir un objet de pèlerinage et un lieu de prières, la fosse à peine refermée n'est plus visitée que par le gardien, intendant de ce triste domaine qu'il est chargé d'entretenir en bon état. Les enterrements n'ont lieu qu'une fois par jour à Woking, et, pour les pauvres, une fois par semaine dans les autres. Les cercueils, parfois enlevés la nuit, sans aucun cérémonial, de la maison mortuaire, sont conduits directement soit à l'église du cimetière, si l'on a choisi l'un de ceux qui s'ouvrent dans la banlieue, soit à l'embarcadère, — où ils attendent, souvent pendant plusieurs jours, qu'il y ait un nombre suffisant de *clients* pour former un train, — s'ils doivent être dirigés sur la grande nécropole. Dans les enterrements riches, quelques voitures de deuil les suivent, emmenant le maigre cortége. Dans les enterrements qui appartiennent aux dernières classes, les parents se rendent au lieu funèbre chacun de son côté et comme ils l'entendent, car il est absolument interdit de suivre un convoi à pied dans les rues de Londres. Arrivés à la gare, qu'un simple mur sépare de celle des voyageurs et des marchandises, les morts sont déchargés sous une voûte obscure par une machine qui les hisse au premier étage, tandis que la famille monte, de son côté, par un escalier voisin ; on se retrouve là-haut. Les bières sont superposées dans des boxes fermées, qu'aucune décoration, qu'aucun signe ne distingue des wagons de bagage ordinaire.

A *London Necropolis*, l'enterrement se fait en bloc et par fournées. Tous les morts du jour, rangés côte à côte dans la chapelle, s'acheminent ensuite de compagnie, en une sorte de promiscuité banale, et s'arrêtent chacun à la place fixée par son numéro. Un service commun, suivi d'une tournée rapide sur les fosses, expédie en quelques minutes la cérémonie religieuse; et puis c'est fait.

L'entrepreneur des pompes funèbres de Paris, qui était allé minutieusement étudier sur les lieux, avec son expérience spéciale, ce système préconisé à la légère par les anglomanes, a rendu compte de son examen, dans sa première brochure, en termes dont nous aurions tenté vainement d'égaler l'énergie. Il a décrit le sans-façon de ces funérailles anglaises, « où le corps est considéré comme un *colis* dont on a hâte de se débarrasser, et que la population entière voit passer sans même y prendre garde, » l'attitude indifférente des familles, la précipitation du service religieux, l'absence de toute solennité, de toute émotion, de tout respect; le caractère positif, froid et brutal de ces obsèques, qui peuvent être conformes aux habitudes et au tempérament britanniques, mais qu'un Français ne saurait voir sans tristesse et sans répugnance. Et après avoir parlé de ses impressions pénibles à la vue de cette quantité de cercueils, il ajoute, avec des détails où nous n'osons le suivre par respect pour les nerfs de nos lecteurs : « On a pu comprendre que ces impressions n'étaient pas seulement morales... Comment pourrait-il en être autrement !!! C'est là un des inévitables et déplorables effets de ce système de transport et d'inhumation en commun, auquel il nous paraît impossible d'accoutumer la population française[1]. »

J'ai voulu aller voir de mes propres yeux fonctionner l'*entreprise* qui sert de modèle et d'argument aux partisans de Méry-sur-Oise. J'ai vu arriver successivement les fourgons sous la voûte du *South Western Railway*, près du pont

[1] Tous les médecins qui ont traité la question du cimetière de Méry se sont préoccupés des périls de cette accumulation perpétuelle de cercueils au départ et à l'arrivée. (Voy. la brochure du docteur Lemaire, p. 32.)

de Westminster, les uns suivis des parents de première classe en voiture, lès autres rejoints ou attendus par les parents de troisième classe à pied. J'ai vu les bières *empoignées* et enlevées par un treuil, tandis que l'assistance était répartie dans les diverses salles d'attente. Malgré mon titre de simple curieux, et bien que vêtu d'un costume de voyage où n'entrait aucun emblème de deuil, j'ai été admis sans difficulté dans le convoi mortuaire. Après une heure de marche environ, pendant laquelle il avait suivi la voie ordinaire, croisant d'autres trains, longeant des chantiers encombrés de travailleurs et de marchandises, passant devant les stations où les voyageurs attendaient, le cigare entre les dents et parfois quelque chanson joyeuse aux lèvres, le convoi, renversant sa vapeur, entre par un embranchement dans le premier cimetière, qu'il traverse.

Nous le parcourions depuis quelque temps déjà sans que je m'en fusse aperçu, tant il est vide, tant les monuments en sont rares et mesquins ! On s'arrêta devant une station, formée de quelques bâtiments qui renferment la maison du gardien et un café-restaurant. Les parents descendirent et je descendis avec eux. Il n'y avait que deux cercueils, bien que le chemin mortuaire eût chômé la veille et dût chômer le lendemain encore. On les transporta sur des charrettes plates, auxquelles s'attelèrent les croque-morts, pour les monter jusqu'à une chapelle assez semblable à une grange. Les parents, — deux d'un côté, trois de l'autre, — suivaient par derrière. Pendant ce temps, la vapeur sifflait, et le train continuait sa course à travers la nécropole, pour aller décharger le reste de son funèbre fardeau dans le second cimetière.

Les chars furent rangés au milieu de la chapelle avec leurs cercueils. Un pasteur monta en chaire et lut en anglais une prière de cinq à six minutes, puis il descendit ; les croque-morts rentrèrent, se rattelèrent aux chars deux par deux et les conduisirent à la fosse par des sentiers qui me parurent interminables. Rien de glacial et de navrant comme de voir ces deux ou trois personnes suivant dans cette vaste solitude le corps de leur père ou de leur mari, et disparaissant peu à peu comme si elles se fussent enfoncées dans le désert.

La cérémonie terminée, je parcourus la nécropole en tous sens. La mesquinerie et la rareté des monuments, qui m'avait déjà frappé au premier coup d'œil, me frappa davantage encore pendant cette promenade, surtout par le contraste avec ce que j'avais vu les jours précédents à *Kensal Green*, à *High-Gate*, à *Brompton* et dans les autres lieux de repos qui touchent à Londres. Sauf un petit nombre de colonnes et d'obélisques, ce n'était que simples pierres plates, dressées comme des bornes, et portant une inscription en lettres noires. Cette première observation me mit en défiance et m'inspira des doutes que je devais bientôt éclaircir. Tandis que j'allais d'une tombe à l'autre, deux ou trois trains de voyageurs passèrent, dans des flots de fumée et au milieu d'un tapage assourdissant. La ligne du *South Western* longe et domine la nécropole, et les coups de sifflet du machiniste viennent servir d'accompagnement aux cérémonies mortuaires.

En entrant dans le café pour y attendre l'arrivée du train qui devait nous remporter à Londres, je fus assez surpris d'y trouver les deux familles attablées au comptoir, en compagnie des hommes des pompes funèbres. Elles buvaient des pintes de porter, en dévorant des sandwiches de grand appétit, et en échangeant des conversations peu lugubres et des rires moins lugubres encore avec les croque-morts, qui déployaient toute leur verve pour les mieux consoler. Mais quoi! le chemin de fer nous avait déposés au cimetière à midi un quart; il ne devait nous reprendre qu'à deux heures et demie; il restait encore trois quarts d'heure d'attente, et il faut bien passer le temps. La douleur humaine a ses bornes!

Enfin nous remontâmes en wagon. Ce fut seulement

alors que je remarquai, au-dessus du mur du cimetière, une grande enseigne, tout à fait pareille à celle de certaines maisons de commerce, et qui m'avait échappé d'abord :

WOKING CEMETERY

LONDON NECROPOLIS

OFFICE : Lancaster place, 2, Strand.

La nécropole donnait aux voyageurs l'adresse de son représentant. En rentrant à Londres, le soir, j'ouvris le *Times*, et j'y lus à la première page une annonce où elle se rappelait encore, en termes pressants, au souvenir du lecteur. On m'a dit qu'aux annonces se joignaient les affiches ; je n'ai pu vérifier ce point, d'ailleurs parfaitement vraisemblable.

Cependant, malgré cette publicité bien entendue, malgré l'administration parfaite et l'excellente organisation *matérielle* de l'entreprise, la nécropole de Londres n'enterre que dans des proportions infimes, relativement à l'ensemble des autres cimetières. Tous les Anglais que je pus interroger à ce sujet, en leur posant les questions que m'avait suggérées la vue du petit nombre des monuments funèbres, me firent la même réponse : « Comment voulez-vous, me dirent-ils, qu'on aille, sans nécessité, enterrer un parent si loin, quand il est si facile de faire autrement ? Sauf de rares exceptions, qui s'expliquent par des circonstances particulières, pas un *gentleman* n'est inhumé à *Woking*. Les familles qui ont recours à cette entreprise sont, pour la plupart, des familles séduites par l'attrait du bon marché, — car les obsèques habituelles coûtent fort cher à Londres. »

Ainsi ce cimetière que prétendent avoir pris pour type les inventeurs de Méry-sur-Oise ; ce cimetière auquel nous renvoient triomphalement les partisans du projet préfectoral, comme à un argument décisif et sans réplique, n'est guère plus en faveur près des Anglais eux-mêmes que ne l'est près de nous la nécropole de Paris, et loin de rallier tous les suffrages et de contenter tout le monde, comme on nous le disait, il n'existe sans objection que parce qu'il laisse aux habitants de Londres la faculté, dont ils usent très-largement, de ne s'en point servir. J'ai pu me procurer les chiffres officiels relatifs à la matière, et ils vont achever de porter la lumière dans une question si étrangement, si complétement dénaturée.

Londres a une moyenne annuelle de plus de 70,000 décès : tel est le chiffre de 1867, et depuis il n'a pu qu'augmenter; or, depuis près de quinze ans qu'elle est ouverte (fin de 1854), *London Necropolis* a reçu en tout environ 47,500 inhumations, c'est-à-dire en quinze ans moins des sept dixièmes de la mortalité annuelle! Sa clientèle *funèbre*, tout en ayant suivi naturellement une certaine progression (qui n'est pourtant pas tout à fait continue), dépasse à peine 4,000 inhumations par an, c'est-à-dire le dix-huitième du chiffre total pour Londres; et encore dans ce nombre sont comprises les inhumations des personnes décédées dans le voisinage de la nécropole, qui fait partie du comté de Surrey. En comparant ces chiffres à ceux de chacun des autres cimetières, dont le plus vaste pourtant n'a qu'une étendue dix fois plus petite, on s'aperçoit que plusieurs d'entre eux, pris isolément, les égalent presque, et que quelques-uns les dépassent[1]. Voilà ce qu'on n'avait jamais

[1] Nous donnons ici les chiffres officiels, jusqu'à la date où nous avons pu les relever :

London Necropolis a reçu :

En 1855	1,938 corps.
1856	2,426
1857	2,411
1858	2,721
1859	2,926
1860	2,800
1861	3,149
1862	3,538

songé à nous dire; voilà ce que M. Vafflard lui-même ne semblait pas soupçonner dans sa première brochure, et dont nous ne nous douterions point encore sans nos recherches sur les lieux.

Et c'est ce mode d'enterrement, traité comme une affaire de commerce, comme une expédition de coton; ces cargaisons de morts, ces funérailles à la vapeur, repoussées même par la plupart des Anglais, et qui ne constituent qu'une exception dans cette ville où il semblait, à entendre nos adversaires, qu'il n'y en eût pas d'autres; c'est là, encore une fois, ce qu'on prétend nous imposer pour modèle? C'est là le système qu'on veut appliquer parmi nous, non pas dans les conditions où il fonctionne chez nos voisins, mais avec ce despotisme administratif qui impose à tous le joug de ses bienfaits. Je sais bien ce qu'on nous dit : Il sera considérablement perfectionné; aucun de ces détails qui nous blessent n'y subsistera plus, et les apologistes de la préfecture appuient même sur tout ce qu'il y a de répugnant dans ces procédés d'outre-mer, pour en tirer un bénéfice au profit du plan de M. Haussmann. Mais il n'en reste pas moins vrai qu'un système si choquant ne mé-

1863	3,590
1864	4,051
1865	3,400
1866	3,615

Ces chiffres sont dépassés de beaucoup par le cimetière *City of London, Tower Hamlets*, situé à environ 7 milles du centre de Londres, à Ilford. Depuis l'année 1860, à partir de laquelle j'ai pu faire le relevé jusqu'en 1866, ce cimetière a reçu une moyenne de plus de *dix mille* inhumations chaque année. Un très-grand nombre d'autres, dont l'étendue varie de 25 à 50 acres seulement, comme les cimetières de *Saint-Pancrace*, de *Brompton*, de *Paddington*, de *Lambeth*, d'*Abney-Park*, de *Kensal green*, touchant pour la plupart à Londres, comptent chacun un chiffre moyen qui peut se rapprocher de celui de *London Necropolis*, bien qu'il ne l'égale pas. Tous sans exception, même les moins employés, ont une clientèle au moins dix fois plus considérable en proportion de leur étendue.

ritait guère d'être pris comme point de départ, et qu'on est en droit de suspecter le projet rien que par son origine. Ce ne sont pas les détails, c'est la substance même qu'il en faudrait changer pour accommoder à notre atmosphère morale ce produit du sol anglais et du sol américain, en le transplantant parmi nous. Plus on insiste sur la régularité parfaite et mathématique avec laquelle tout sera prévu, réglé, combiné, sur l'amélioration des rouages et de tout le mécanisme, plus on blesse l'idée que nous nous faisons des obsèques chrétiennes et des conditions dont la douleur a besoin pour s'épancher autour d'un tombeau. La démonstration, à mesure qu'elle se poursuit, tourne contre son but — phénomène que ne peuvent comprendre les esprits purement bureaucratiques et administratifs.

Que l'on commence donc par nous donner l'indifférence et le mépris pour les morts avant de nous imposer un plan qui, perfectionné ou non, ne peut s'appuyer sur une autre base, et qui aura pour conséquence nécessaire de nous y acheminer. Et, s'il faut tout dire, je crains que cette situation morale n'ait rien qui répugne aux auteurs d'un pareil projet. Elle simplifierait la question et supprimerait des résistances importunes. On n'ose l'avouer, mais l'idéal est assurément d'arriver à l'application pure et simple du système anglais. De même que l'expédition *provisoire* des cercueils par le chemin de fer du Nord, une fois commencée, pourrait bien devenir définitive, dès que l'usage aurait réconcilié l'esprit public avec une idée qui le révolte aujourd'hui, de même on compte sans doute sur la force toute-puissante de l'habitude pour le plier peu à peu à des pratiques dont la révélation serait actuellement imprudente. Déjà quelques panégyristes du projet municipal mettent en avant avec admiration l'exemple des enterrements de nuit dans les républiques de l'Amérique du Sud [1], comme si l'on

[1] Voy. *la Patrie* du 15 novembre 1868.

pouvait supprimer la mort en la cachant ! A défaut de ces funérailles clandestines, accomplies dans l'ombre comme un attentat, le but évident est de parvenir à perfectionner les obsèques collectives de manière à rendre la tâche plus facile. On donnera d'abord à chaque cercueil son compartiment sur le chemin de fer mortuaire ; puis, dans un jour de hâte et d'encombrement, les gens de service, blasés bien vite sur leur besogne quotidienne, en entasseront plusieurs dans un même wagon. Et le premier pas fait, un autre s'y ajoutera, puis un autre encore. Pour que le but soit pleinement atteint, il faut que la cérémonie se termine, non pas seulement pour les amis, mais pour la famille même du défunt, à la gare du chemin de fer funèbre, et que les cercueils, déposés là dans les chapelles comme dans des caveaux provisoires, y attendent les commodités du service pour être dirigés sur Méry par fournées, à mesure qu'on en aura le temps et la place, à la façon des bagages expédiés par petite vitesse.

IV

A côté de ces objections matérielles et morales, la création d'un cimetière unique à six lieues de Paris soulève aussi des objections légales d'une certaine importance. Jusqu'à quel point Paris a-t-il le droit d'ouvrir son cimetière sur le territoire, non-seulement d'une autre commune, mais d'un autre département? C'est là une demande à laquelle il n'a pas été suffisamment répondu, soit au Sénat[1], soit dans la presse, et que j'aimerais à re-

[1] Séance du 25 juillet 1867, rapport de M. le baron Brenier. M. Rouher a vu la difficulté, et il l'indique dans sa réponse à l'interpellation de

tourner sous toutes ses faces, si j'avais l'honneur et l'avantage d'être jurisconsulte. Comment se réglera la police d'un cimetière, appartenant exclusivement par sa destination à la ville de Paris et par sa position au département de Seine-et-Oise, relevant par conséquent de deux administrations et soumis à deux juridictions diverses, dont le contact ne peut manquer de soulever des conflits?

Paris prend des habitudes singulièrement tyranniques et usurpatrices : il ne se borne pas à faire tache d'huile sur la carte et à tirer vers lui tout le suc de la France, il faut encore qu'il aille imposer aux départements voisins les servitudes qui l'embarrassent. La commune révolutionnaire qui siége à l'Hôtel de Ville étend chaque jour sa dictature sur un nouveau domaine. On a pris la Dhuys et la Vanne aux provinces qu'elles fertilisaient pour alimenter la soif de la grande ville, et voici que maintenant on confisque sans façon un terrain de 850 hectares pour y déporter ses morts. Un Parisien peut trouver spirituel et commode de se décharger ainsi sur les épaules d'autrui de tous ses fardeaux; il ne saurait le trouver juste. Où s'arrêtera-t-on dans cette voie? Les départements qui font cercle autour de Paris sont-ils destinés à devenir ses esclaves et ses victimes? M. Haussmann est-il

M. Maurice Richard, mais sans s'y arrêter. D'ailleurs, que peuvent signifier les aveux et les promesses de M. Rouher, quand, six semaines après qu'il est venu étonner le Corps législatif par sa franchise, en déclarant, au nom du gouvernement, que l'administration municipale a commis des irrégularités, qu'elle a méconnu la loi et les prérogatives de la Chambre et qu'elle ne recommencera plus, M. Haussmann vient à son tour, devant le Sénat et devant M. Rouher lui-même, qui ne sort d'un humble silence que par une adhésion plus humble encore, affirmer tranquillement, au nom de l'empereur et en son nom propre, qu'il n'a commis aucune faute, pas même contre ces *abstractions du droit constitutionnel* dont M. Delangle avait parlé avec une ironie bien singulière dans la bouche d'un procureur général à la Cour de cassation! Le grand corps conservateur n'a pas trouvé une voix pour protester à la tribune, et n'en a pas trouvé deux pour protester au scrutin.

libre d'en disposer à sa guise, absolument comme de nous? « Pourquoi ne pas dire tout de suite que le préfet de la Seine est préfet de toutes les préfectures? Pourquoi ne pas nommer M. le baron Haussmann préfet général de France, comme on a nommé le maréchal Soult maréchal général de France? A quoi sert d'avoir un préfet à Versailles, un conseil général à Versailles, des maires à Franconville, à Taverny, etc.? Il faut reculer le mur d'octroi de Paris jusqu'aux limites extrêmes du département de Seine-et-Oise, si on fait litière des vœux des populations exprimés par la voix de leurs maires, si on annexe malgré elles les populations de Seine-et-Oise au gouvernement de Paris, à ce gouvernement personnel qui n'a pas d'autres conseillers généraux, ni d'autres conseillers municipaux que des fonctionnaires nommés par le pouvoir [1]. »

Mais, dit-on, nous avons le consentement des communes. On a celui de la commune de Méry, il est vrai : nous savons même que « ce ne fut pas là une des moindres difficultés du projet; » mais que « cependant la préfecture de la Seine parvint à faire comprendre aux habitants [2] » tout ce qu'elle avait intérêt à leur persuader. Je ne suis pas en peine de ses moyens de conviction. Pour les autres localités sur le territoire desquelles est placé le cimetière, peut-être confond-on un peu trop leur consentement avec celui des maires, nommés par l'administration, et qui ont, pour appuyer le projet, des intérêts d'ordre divers, qu'il est inutile d'approfondir [3]. Et, quant aux villages intermédiaires de la vallée de Mont-

[1] Léon Say, *Journal des Débats* du 13 décembre 1868.

[2] *Le Cimetière de l'avenir*, par L. Vafflard.

[3] Dans sa session ordinaire du mois d'août 1867, le conseil municipal de Bessancourt, directement intéressé, déclare, à l'unanimité des membres présents, qu'il n'est ni légal ni juste d'établir le cimetière d'une commune sur une autre commune, et qu'il sera déposé dans ce sens à l'enquête.

morency, nous avons déjà dit que leurs maires eux-mêmes faisaient unanimement cause commune avec eux contre le projet.

On allègue vainement une nécessité qui n'existe pas pour justifier une mesure sans excuse. Non-seulement il était possible, mais il était facile de trouver sur le territoire du département de la Seine, dans le voisinage immédiat de Paris, l'espace nécessaire pour le service de ses inhumations. Cela était si possible et si facile qu'on l'avait trouvé du premier coup, lorsqu'on n'avait pas intérêt à le déclarer introuvable, et l'administration n'a cherché vainement, comme elle le déclare, que du jour où la *fantaisie* nouvelle qu'elle s'était mise en tête lui a fermé tout à coup les yeux sur ce qu'elle voyait parfaitement jusqu'alors. Les officieux, qui, avec leur maladresse ordinaire, s'étendent lourdement sur cette impossibilité prétendue et réclament, en prenant des airs superbes, l'indication des emplacements rapprochés de Paris où pourraient s'ouvrir les nouveaux cimetières, feignent d'oublier qu'on la leur a donnée vingt fois. Donnons-la donc une fois de plus.

Il ne s'agit pas, bien entendu, de trouver dans le voisinage immédiat de Paris et sur le territoire du département de la Seine la place d'un cimetière unique. Pourquoi un seul cimetière? Cette détermination, qui concorde si mal avec l'énorme accroissement de la population parisienne, ne peut s'expliquer que par une monomanie de centralisation, qui ne lâche pas pied devant la mort. Il est impossible de donner une raison sérieuse à l'appui de cette mesure radicale, dont les organes de l'administration ne parlent eux-mêmes qu'avec l'expression d'un doute ou d'un regret[1] : « La seule critique qui, selon moi, aurait

[1] Voy. la seconde brochure de M. Vafflard, p. 35. M. Barbier, dans son rapport, dit aussi quelque chose d'analogue relativement à la création d'un deuxième cimetière au sud de Paris.

été fondée, s'écrie l'un des plus fougueux champions du projet préfectoral, c'est qu'il aurait été plus commode pour les Parisiens de posséder deux grands cimetières au lieu d'un seul, l'un destiné aux inhumations de la rive droite, l'autre à celles de la rive gauche. Aussi s'est-on bien gardé de la faire[1], » ajoute-t-il avec une ironie qui serait accablante si elle était justifiée. L'imagination emportée de M. Feydeau lui crée là un trop facile triomphe. On s'est si peu gardé de faire cette critique que, dès l'origine, le projet de création, non pas seulement de deux, mais de quatre cimetières sous les murs de Paris, a été opposé à celui d'une nécropole unique, avec indications précises et plans à l'appui. L'administration, encore une fois, a les meilleures raisons du monde pour le savoir, mais nous ne demandons pas mieux que de le lui rappeler.

Ces quatre champs funèbres pourraient être formés moitié par l'agrandissement de deux cimetières existants (ceux d'Ivry et de la pointe Saint-Denis[2]), situés dans des

[1] *Liberté* du 9 novembre 1868.

[2] Le premier est le cimetière dit *parisien*, qu'il ne faut pas confondre avec celui qui dessert le village. Il a été ouvert à la fin de 1860 pour Bicêtre, et agrandi une première fois en 1861 pour recevoir les morts des Ve et XIIIe arrondissements. Ce cimetière tout plébéien, à peine fermé d'une grossière clôture de planches, distant de 800 mètres de la porte d'Italie, a une superficie de 4 hectares 76 ares, dont une grande partie reste encore disponible, et il est situé au milieu d'une vaste plaine qu'on peut, sans aucun obstacle, englober dans son enceinte en l'agrandissant ainsi de tous les côtés, mais surtout en arrière, jusqu'au plateau de Villejuif. Quant au cimetière de la porte Saint-Denis, dit de *Cayenne*, parce qu'il se trouve attenant au petit groupe de maisons voisin de la Chapelle qui porte ce nom, à moins de 1 kilomètre de la porte de Paris, il est rempli aujourd'hui et l'on n'y enterre plus depuis le 1er avril 1867. Rien ne serait plus facile que de l'agrandir en avant jusqu'à Saint-Ouen, sur le côté droit jusqu'à la route peu fréquentée du Lendit, qui passe à une demi-lieue de là, et d'en porter ainsi l'étendue à 60 hectares pour le moins. « Il n'y a dans cette partie de la plaine Saint-Denis ni établissements industriels, ni habitations, et le chemin de fer du Nord qui la traverse forme une barrière naturelle à toute agglomération d'habitants de ce côté. » (Vafflard.)

plaines stériles et désertes, moitié par l'ouverture de deux cimetières nouveaux, l'un sur les territoires de Romainville et de Bagnolet, l'autre dans la plaine de Montrouge. Distribués en nombre égal sur les deux rives de la Seine, et placés, pour ainsi dire, aux quatre points cardinaux, ces cimetières embrasseraient une étendue totale d'environ 300 hectares, qui pourrait suffire pendant deux siècles, dans les conditions actuelles, aux besoins de Paris[1].

Et ce n'est pas tout, à beaucoup près. En réponse à l'imprudent et maladroit défi des avocats de la préfecture, les indications sont venues de toutes parts. On l'en avait comblée, on l'en a accablée. L'un des plus zélés combattants de cette guerre du bon sens et du bon droit a dressé à lui seul la liste de sept emplacements nouveaux, dans les positions et les conditions géologiques les plus favorables, à peu de distance des fortifications, et qui, adjoints aux précédents, dépasseraient l'étendue de la nécropole de Méry[2]. Si bien que les avocats pétulants qui pressaient

[1] Voy. les détails, accompagnés de toutes les indications techniques, dans la *Translation des cimetières de Paris*, par M. Vafflard, p. 12-18.

[2] Voy. la lettre de M. Chenel à *l'Étendard* du 7 novembre 1868, et sa *Note sur les nouveaux cimetières de Paris*, in-4, p. 14. J'ai visité un grand nombre de ces emplacements, surtout les quatre premiers. Combien d'autres ne serait-il pas possible de leur adjoindre encore! Pour nous borner à ce seul exemple parmi ceux qu'on n'a pas cités, dans la presqu'île formée par ce qu'on appelle le Tour de Marne, au sortir de Paris, entre Port-de-Créteil, la Varenne, Chennevières, Joinville-le-Pont, il y a un vaste espace d'environ 200 hectares de terrain sablonneux, stérile, à peu près vide, ou occupé seulement par des bicoques sans importance, et qu'on eût pu acquérir certainement à un prix qui n'eût point dépassé 30 ou 40 centimes le mètre. Avec les théories professées dans ses communiqués, M. le préfet ne pourrait objecter la crainte des infiltrations, et s'il n'eût pas été fort agréable aux châtelains des coteaux avoisinants de plonger sur un cimetière, il sera moins agréable encore à tous les Parisiens d'être obligés de déporter à Méry leurs plus chères dépouilles. Je ne cite d'ailleurs cet exemple, qui n'est point mon idéal, que pour démontrer une fois de plus l'étrange témé-

impérieusement les adversaires du projet de déclarer comment ils s'y prendraient pour le remplacer, étourdis et changeant de tactique, se mirent à balbutier avec embarras que c'étaient là des indications trop vagues pour servir de bases à un examen sérieux. Rien n'est plus précis, au contraire, et voilà ce qui vous gêne! S'il vous faut, comme vous semblez le faire entendre, une évaluation exacte, à un centimètre carré près, c'est une besogne d'arpenteur dont il n'est pas impossible de vous procurer la satisfaction, et si vous nous demandez le résultat d'études officielles, vous oubliez que c'est à la ville à les entreprendre sur les données qui lui sont fournies. Êtes-vous bien sûrs, d'ailleurs, qu'elle ne les ait pas faites et n'ait point quelque raison pour en cacher le résultat? Demandez à vos amis de l'Hôtel de Ville la permission de fouiller dans leurs archives, et peut-être y trouverez-vous la preuve qu'il fut un temps où ni M. le préfet ni ses ingénieurs ne trouvaient ces indications trop vagues.

Joignez-y l'espace disponible encore dans quelques-uns des cimetières existants, principalement dans celui du Père-la-Chaise! On juge des ressources qu'offrirait un pareil ensemble, combiné surtout avec le cimetière de Méry-sur-Oise. S'il en coûte trop à l'administration de renoncer à un projet qu'elle trouve grandiose et qui n'est que choquant, qu'elle joigne du moins à sa nécropole lointaine ces cimetières suburbains, qui permettront aux esprits faibles de se dérober à la tyrannie de ses bienfaits.

Ainsi s'évanouirait cet argument qui est la grande arme de guerre en faveur de la nécropole de Méry. Les habiles et les badauds vont répétant partout qu'elle permettrait l'abolition de la fosse commune, en assurant à chaque corps un asile inviolable pour trente années au

rité de ceux qui osent dire : « Nous avons cherché attentivement, à partir du pied des fortifications, et de proche en proche; nous n'avons rien trouvé. » La vérité est qu'on n'a que l'embarras du choix.

moins [1]. Ingénieuse façon de donner un coloris démocratique à une mesure qui blesse au premier chef les sentiments et les besoins populaires! Cette tactique est habituelle dans le camp de M. Haussmann : n'avons-nous pas entendu tout récemment encore, pendant l'éclatante discussion d'où M. le préfet de la Seine est sorti plus compromis, plus désavoué et plus raffermi que jamais, les commissaires du gouvernement présenter comme une œuvre démocratique par excellence ces travaux qui ont fait de Paris une ville de boulevards, de cafés, de casernes et de magasins de luxe; qui ont doublé ou triplé les loyers et refoulé tous les ouvriers vers les quartiers excentriques, pour livrer la place aux fonctionnaires, aux millionnaires, aux boutiquiers et aux Anglais en voyage!

A quoi servira d'assurer (et nous savons ce qu'il faut croire de ces assurances-là) trente ans de repos à des dépouilles exilées si loin que personne ne les pourra visiter, et que l'oubli croîtra plus vite que l'herbe sur leurs tombes abandonnées? Il vaudrait mieux ne les respecter que cinq ans, mais en les plaçant sous les yeux des amis qui les pleurent. Vous détruisez d'une main ce que vous donnez de l'autre. Voulez-vous que votre bienfait ne reste pas illusoire et que la sincérité n'en paraisse point suspecte, mettez-nous du moins à portée d'en jouir et de le reconnaître. S'il vous faut huit cents hectares pour cette bonne œuvre, prenez-les sous les murs de Paris, non pas tout d'un bloc, ce qui n'est ni possible, ni nécessaire, ni bon, mais en les divisant suivant les ressources et les convenances, en ouvrant au besoin dix cités funèbres, dans des conditions de décence et de dignité mieux garanties qu'elles ne peuvent l'être par ce projet

[1] C'est cet argument qui a fourni un bien beau titre à la troisième brochure de M. Vafflard : *Plus de fosse commune!!!* (Les points d'exclamation ne sont pas de moi.) — *Le Cimetière de l'avenir.* D'abord hostile, puis rallié avec quelques restes d'inquiétude et d'indécision, M. Vafflard est ici terrassé par la grâce sur le chemin de Méry.

colossal qui semble vouloir créer un pendant fastueux à l'Exposition universelle.

On se retranche sur les objections de détail. Elles se réduisent à trois, qui reviennent, toujours les mêmes, sous la plume ou sur les lèvres de nos adversaires. Soit! dit-on ; la place est trouvée dans le voisinage des fortifications, mais « le haut prix des terrains aux abords de la capitale paralyserait forcément les intentions libérales de la ville de Paris. » Que nous importe, je l'ai déjà dit, des intentions libérales dont la distance nous empêchera de jouir? Mieux vaudrait qu'elles fussent paralysées, si le plan déplorable qui s'abrite derrière elles pouvait l'être en même temps. Mais, sans m'arrêter à faire remarquer combien on exagère cet obstacle pour les besoins de la cause, je demande si l'élévation du prix des terrains ne serait point compensée, moralement, par le respect des habitudes et des sentiments pieux de la population parisienne; matériellement, par l'extrême simplification du système funéraire? Plus de gares, de chemin de fer, de wagons; plus de dépenses renouvelées sans cesse, après les frais de premier établissement, par le mouvement journalier des trains. Des calculs, établis avec le plus grand soin sur les chiffres officiels, démontrent que ces cimetières suburbains, « d'une exécution *momentanément coûteuse* [1], » mais bien vite couverte par le produit des concessions temporaires ou perpétuelles, économiseraient en réalité des centaines de millions, lors même qu'on payerait les terrains 12,000, 15,000 et jusqu'à 20,000 fr. l'hectare [2].

Mais que signifient ces calculs auxquels l'administration magnifique de l'Hôtel de Ville nous a si peu habitués? Quoi! pour enterrer ses morts, Paris regarderait à des misères qui ne le préoccupent pas une minute, lors-

[1] Vafflard, première brochure.
[2] Chenel, *Note sur les nouveaux cimetières*, p. 10-11.

qu'il s'agit de percer une rue ou de suspendre un jardin au flanc des buttes Chaumont! Je n'ai pas ouï dire que M. le préfet de la Seine ait jamais reculé devant la cherté des terrains ou de l'exécution, quand il s'agissait d'élever l'Opéra ou de bâtir une immense caserne sur les boulevards; qu'il ne vienne donc point afficher, en présence d'un but si précieux, des scrupules tellement inattendus!

Deuxième objection : « La distance, quelle qu'elle fût, 1 ou 2 kilomètres, par exemple, viendrait s'ajouter à celle qui sépare les fortifications du centre de la ville : trop courte pour la création d'un chemin de fer, elle donnerait lieu à des déplacements beaucoup plus pénibles et plus onéreux que ceux qui sont nécessités par l'état actuel des choses. » Il est vrai, et c'est précisément une des raisons pour lesquelles nous demandons qu'on se borne au strict nécessaire dans cette voie. La loi, l'hygiène et une nécessité imminente, nous dit-on, s'accordent pour forcer l'administration à rejeter les cimetières en dehors de l'enceinte parisienne : c'est un déplacement assez fâcheux déjà par lui-même, sans qu'on aille l'aggraver gratuitement en l'étendant à des proportions intolérables. Certes, tous ces asiles de la mort seront trop loin de la ville des vivants, si près qu'ils en soient; mais le voyage qu'ils exigeront n'aura rien de comparable, ni pour la dépense, ni pour la longueur et le temps, ni surtout pour le mode de transport, à celui de Méry-sur-Oise. Quand même nous n'y trouverions d'autre avantage que de supprimer cette indécente association de la douleur au tumulte des gares, ces expéditions, en bloc et par trains rapides, de *marchandises mortuaires* et de familles en partie de deuil, il n'en faudrait pas plus pour décider notre choix[1].

[1] Comme l'a fait remarquer l'écrivain chargé d'exprimer les idées de l'administration, en 1864, la population de la partie nord et sud-est de Paris est habituée, depuis plusieurs années déjà, à accompagner ses morts jusqu'à deux des cimetières qu'il s'agirait d'agrandir. De ce côté donc, on serait dispensé de toute « mesure fâcheuse de translation, » et

Troisième objection : « Enfin, si l'on tient compte du chiffre considérable de la population agglomérée qui entoure déjà Paris, de son accroissement constant et régulier et des nombreuses habitations ou usines parsemées dans les intervalles peu étendus qui séparent ces agglomérations, on reconnaîtra que, dès à présent, la création de ces cimetières soulèverait des oppositions bien autrement sérieuses que celles que le projet actuel de l'administration a rencontrées ; et que, d'ailleurs, dans un temps assez rapproché, ces établissements se trouvant de plus en plus serrés par des groupes d'habitations, la situation présente se reproduirait[1]. »

Ici encore, à l'objection administrative de 1867 je pourrais répondre par la réfutation administrative de 1864. M. Vafflard a parfaitement indiqué, par exemple, les commodités qu'offre la plaine de Montrouge et la partie de la plaine Saint-Denis où s'élève le cimetière qu'il s'agirait d'agrandir[2]. Il est facile, d'ailleurs, de façonner l'avenir au gré de ses besoins. Est-ce M. Haussmann ou l'un de ses avocats d'office, qui, renchérissant sur ce point, a été jusqu'à parler des obstacles que les cimetières suburbains

l'on n'aurait rien à changer aux usages « d'une partie notable de la population parisienne, composant onze arrondissements et représentant 940,634 habitants. » Les autres cimetières ne demanderaient pas aux parties de la ville qu'ils seraient destinés à desservir une course beaucoup plus longue que ceux dont elles dépendent actuellement ; leur distance « ne serait pas un obstacle à la continuation de la coutume si générale d'accompagner les morts » jusqu'à la fosse, et, dans ces limites, « le projet aurait le grand mérite de ne blesser aucune des habitudes religieuses chères » au peuple de Paris, ce qui est, en si délicate matière, le point capital. « La force de cette considération s'accroît encore dès qu'on songe aux coutumes des jours de la Toussaint et de la fête des Morts qui, impossibles avec la nécropole de Méry, resteraient praticables et faciles dans le voisinage immédiat de Paris. » (Vafflard, première brochure, p. 14, 19, 2.)

[1] J'ai emprunté les termes de ces trois objections au rapport de M. Barbier, qui les a le plus nettement formulées.

[2] *De la Translation des cimetières*, p. 15, 17.

offriraient à la création des chemins de fer futurs? Appeler les chemins de fer à la rescousse des usines et des agglomérations dont on tire si ingénieusement parti, c'est trop! Quels chemins de fer, et que signifie cette fantaisie bizarre? Le chemin de Ceinture, les grandes lignes et les chemins de banlieue, pour la plupart, ne sont-ils pas depuis longtemps tracés, et, s'il en reste quelque autre à établir, qui l'empêcherait de passer à côté du cimetière au lieu de passer dedans? Lorsque M. Haussmann parle des « populations serrées, industrieuses, croissantes... de cette banlieue nouvelle où l'on se dispute déjà l'espace, » il trace un tableau artificieusement chargé en vue de l'effet qu'il veut produire. Ne dirait-on pas que toute la banlieue n'est plus qu'une fourmilière humaine, où il ne reste même pas la place d'un jardin ou d'une usine? Et c'est là pourtant qu'on peut trouver sans peine dix emplacements de 100 hectares!

Mais admettons que tous les points doivent être également envahis. Encore y faudra-t-il quelque temps. Les plaines de Vanves et de Bobigny ne peuvent se peupler absolument aussi vite que les rues de Paris, qui elles-mêmes, dans certains quartiers éloignés, mais qu'on peut regarder comme centraux en comparaison de ces points extrêmes de la grande agglomération parisienne, mettent de bien longues années à se bâtir jusqu'au bout. J'en habite une, qui, ouverte depuis plusieurs siècles, garde encore de larges vides. Combien pensez-vous qu'il faille de temps pour remplir cet anneau circulaire de 20 lieues de circonférence que le département de la Seine enroule autour de Paris? — Pas plus d'un demi-siècle, dites-vous. — Je le veux. Eh bien, c'est justement le *maximum* de durée accordé par M. Haussmann à la nécropole de Méry, — qui pourra suffire à Paris agrandi pendant quarante ans au moins, pendant cinquante ans *peut-être*, a-t-il déclaré à la tribune du Sénat. Si l'on se contente d'une durée de quarante ou cinquante ans ici, pourquoi ne s'en contenterait-on pas là? Et si elle paraît suffisante pour troubler toutes les habitudes des Parisiens, et leur imposer à grands frais un système odieux, pourquoi ne le paraîtrait-elle pas aussi, quand il s'agit de respecter les sentiments, les besoins et les usages les plus ancrés dans toutes les âmes?

Que les habitants de la banlieue viennent se grouper et se serrer autour de ces cimetières, comme on nous le dit, ce sera par suite d'un libre choix dont nous n'avons pas à nous préoccuper. C'est qu'ils le voudront bien, et qu'ils ne s'effrayeront pas du péril imaginaire dont on cherche à tirer parti, moins en leur faveur qu'à notre préjudice. Personne ne les y peut contraindre, comme personne non plus ne peut empêcher ces industriels, qu'on verrait s'abattre par milliers aux environs de la nécropole de Méry, de rechercher un voisinage qui les attire au lieu de les repousser. Et si le développement prodigieux de Paris, ce chancre de la France, doit réellement déborder de toutes parts jusqu'à ces nouveaux cimetières et les étreindre, vers le commencement du siècle suivant, dans le réseau compacte de sa banlieue sans cesse agrandie, du moins pendant quarante ou cinquante ans, on n'aura pas blessé sans nécessité le culte de deux millions d'habitants pour leurs morts. Avec une ville comme Paris, c'est tout ce qu'on peut espérer : à chaque époque suffit sa tâche [1]. Ah! si l'on devait s'attendre, par la création de la nécropole de Méry, à un asile définitif, ou du moins plus que séculaire, peut-être cette considération pèserait-elle de quelque poids dans la balance; mais les aveux peu suspects de la préfecture prouvent que ce projet n'a même pas à nous offrir, pour guérir de légitimes répugnances, l'avantage d'une plus longue durée. Que lui reste-t-il donc?

[1] Le plus ancien de nos cimetières, le Père-la-Chaise, n'est ouvert que depuis 1804; le plus récent (Montparnasse), que depuis 1824.

C'est le malheur de ces grandes agglomérations monstrueuses, et, on peut le dire, contre nature, que les morts et les vivants s'y gênent les uns les autres et s'y arrachent réciproquement la place. Le terrain ne suffit plus aux besoins des êtres qui s'agitent à sa surface ou qui dorment dans son sein. On se dispute l'espace comme sur un radeau, et l'égoïsme féroce de ceux qui survivent voudrait jeter précipitamment les cadavres à la mer, sans laisser à leur âme la consolation d'un dernier adieu ou d'une dernière prière, sans songer qu'eux-mêmes ils mourront demain. De là tant de systèmes brutaux, proposés par des médecins qui veulent trancher dans la plaie, au lieu de la guérir; de là, particulièrement, ces projets de retour à la crémation païenne, à laquelle on ne peut s'empêcher de craindre qu'une nécessité vengeresse ne ramène les grandes cités, grossies outre mesure par des moyens factices, véritables hypertrophies d'une nation, qui aspirent toute la sève et tout le sang des membres, et qui abusent de la vie jusqu'à perdre le respect de la mort[1].

Mais cette situation anormale et forcée, cette accumulation à outrance et cet entassement d'un peuple entier dans l'enceinte d'une ville, qui a, plus que tout autre, contribué à les produire? Qui a concentré à Paris cette immense population de *nomades?* Qui en a fait l'atelier central de la France, le comptoir de l'Europe et le caravansérail de l'univers, le rendez-vous de la foule qui veut jouir et s'enrichir, la proie de cent mille maçons, le grand déversoir où tout vient aboutir et s'engouffrer? Qui a, par l'annexion de la banlieue, absorbé onze communes aussi grandes que des villes, sans compter des portions plus ou moins considérables de treize autres, et, en détruisant leur autonomie, qui s'est chargé de les enterrer comme

[1] Comment ne pas le craindre lorsqu'on voit, après MM. Feydeau et Delamarre, l'administrateur des pompes funèbres lui-même (dans sa *Notice sur les champs de sépulture*) préconiser ce système?

de les faire vivre? Qui a poussé de toutes ses forces, et qui pousse toujours, avec l'obstination la plus aveugle, à cette cruelle pléthore dont nous sommes étouffés? M. Haussmann le sait aussi bien que nous. Et ne sentira-t-il pas enfin l'urgence d'écouler peu à peu ce flot envahissant de population factice qui menace d'engloutir Paris[1] ?

Le mal est fait. Sans récriminations stériles, envisageons en face le remède nécessaire, et acceptons-le résolûment, mais ne l'aggravons pas à plaisir. Puisque la loi et la nécessité commandent, pour un avenir prochain, la mesure douloureuse de la fermeture des cimetières parisiens, qu'on les rouvre du moins en s'efforçant de concilier les nécessités de l'hygiène morale, qui a bien son importance aussi, avec les besoins de l'hygiène physique. Au lieu d'une nécropole unique, lointaine, vaste et glaciale Sibérie funèbre, où les morts, pareils à des *convicts*, seront transportés dans des conditions répugnantes et dormiront dans la solitude, exilés du cœur comme des yeux de ceux qui les ont aimés, la décence, la dignité, le respect des droits les plus légitimes, des habitudes les plus nobles, des sentiments les plus pieux exigent qu'on en crée plusieurs, et qu'on établisse ces villes funèbres dans le voisinage de la cité vivante, comme les anciens plaçaient les cendres des aïeux au foyer de la maison domestique. Non-seulement cela est bon, mais cela est nécessaire; non-seulement cela est possible, mais cela est facile; et l'administration, qui a violé les lois et les convenances, plus respectables encore, par la marche qu'elle a suivie dans cette déplorable affaire, non contente de créer d'énormes difficultés matérielles, blesserait profondément, en persistant dans une mesure radicale que rien ne justifie et que tout condamne, le sens moral et le sens humain. Telle est, résumée en quelques lignes, la conclusion très-claire de ce travail.

[1] Voy. la brochure du docteur Robinet, *Paris sans cimetière*, p. 15.

La tombe est l'une des grandes institutions de l'humanité; c'est plus qu'un monument, c'est presque un autel, suivant l'idée profonde dont le *cromlech* de nos aïeux était l'admirable symbole. Le cimetière fait partie de la cité comme le forum. C'est en ce temple des larmes et des souvenirs, où reposent les générations disparues, où sont couchées dans une poussière bénie les dépouilles vénérables de ceux qui nous ont faits ce que nous sommes, qui ont élevé la ville, qui ont fécondé la terre, qui ont répandu la semence des idées, qui ont servi la patrie, qui ont travaillé et souffert avant nous et pour nous; c'est là qu'est le lien sacré, toujours vivant dans la mort, et plus vivant dans la mort que dans la vie, qui unit entre elles toutes les âmes de l'humanité. Là, sur ces pierres d'alliance, — *fœdera generis humani*, — le passé se relie au présent; là se renouvelle et se soude de plus en plus le point d'attache de la grande tradition morale qui réunit tous les hommes dans le sentiment de leur solidarité mutuelle. École de respect, de consolation et de prévoyance, le cimetière élève sans cesse, au milieu des tumultes et des entraînements de la vie, sa voix grave, la seule écoutée, pour nous donner l'austère leçon et les mâles avertissements dont nous avons besoin, pour servir de contre-poids salutaire aux ivresses malsaines où l'homme est tenté d'oublier sans cesse qu'il est une âme opprimée par les organes qui la servent, et dont elle se dégagera un jour.

« Lycurgue n'avait pas craint d'établir les tombeaux au milieu de Lacédémone; il avait pensé que la cendre des pères, loin d'abréger les jours des fils, prolonge en effet leur existence, en leur enseignant la modération et la vertu, qui conduisent à une heureuse vieillesse[1]. » Les Romains avaient fait à la capitale du monde un portique de tombeaux, et la voie Appienne s'avançait jusqu'à

[1] Chateaubriand, *Génie du christianisme*.

la ville entre deux rangées de monuments funèbres. Partout, chez les peuples de l'antique Orient aussi bien que chez les tribus sauvages, vous retrouverez le même culte pour ces demeures éternelles de l'humanité, comme l'Égypte appelait les sépulcres, auprès desquelles on ne craignait pas de dresser les tentes passagères des vivants. L'Église a fait plus : pour mieux déposer les morts dans le sein de Dieu, pareille à la mère dont la tendresse protége encore le sommeil de l'enfant, elle a toujours aimé à faire dormir ses fils à son ombre et comme entre ses bras. Les temples étaient pavés des reliques des ancêtres, et chaque dalle portait l'inscription mortuaire qui, devant l'autel, parlait d'espérance et de résurrection. Le champ de repos s'étendait au pied de l'enceinte sacrée, comme son vestibule naturel, abrité dans sa paix profonde et protégé par la croix du sanctuaire.

Les exigences de la salubrité publique ne le permettent plus. Mais du moins, ô cimetières de village, que votre humilité protége contre le décret du 23 prairial, ma pensée se reporte vers vous, et j'évoquais votre paisible et consolante image, en parcourant ce lieu d'exil funèbre que la sollicitude bureaucratique est allée nous choisir dans le désert, et qui trouvera moyen de con[illegible]er les tristesses de l'abandon avec le tumulte d'une halle ! Chaque sentier qui vous sillonne aboutit à l'église : le fidèle qui entre revoit les saintes tombes ; la pensée des morts se mêle à sa prière, et il s'agenouille en passant. Chaque pas qu'il fait, chaque regard qu'il tourne vers l'église, ce point central du village, les rappelle à son âme. Lorsqu'on n'était pas arrivé encore à cette époque de progrès où la vue d'un tombeau irrite ceux qu'elle n'épouvante pas, l'homme vivait pour ainsi dire en contact perpétuel avec les êtres disparus, et marchait sans cesse dans le souvenir de ceux qu'il avait aimés.

Mais Paris est la ville de la joie, du mouvement, de la fête universelle. Il en faut chasser les cimetières, comme on en voudrait chasser la vue de la misère et du travail, pour ne point contrarier l'enthousiasme des touristes et ne pas blesser les yeux des Anglais, des Prussiens ou des Russes, dilatés par une admiration envieuse. Le cyprès est un arbre triste; la vue d'une croix sur un tertre rappelle des idées lugubres; la mort fait tache dans l'élégance et le luxe du Paris moderne, et une civilisation aussi raffinée que la nôtre ne s'accommode plus des usages gothiques bons pour nos grands-pères. Le maître d'un hôtel bien tenu ne souffre point qu'on meure chez lui : Paris est devenu l'hôtellerie du monde; M. Haussmann ne peut empêcher d'y mourir, mais il ne veut plus qu'on y soit enterré; cela discréditerait son établissement.

Voilà votre vraie raison, sans parler de quelques autres, qui la valent. Vous déportez les tombeaux pour effacer la dernière ombre de ce beau Paris, devenu l'idéal des commis voyageurs. Et qui sait même, — ô misère! — s'il ne se cache point là encore quelqu'une de ces raisons stratégiques, niées si longtemps, avouées enfin avec éclat, comme l'une des grandes explications des travaux actuels? Les cimetières des villes telles que Paris sont, à certains jours, des lieux redoutables; les enterrements aussi. Ni les obsèques de Foy et de Lamarque, ni les rendez-vous aux tombes de Baudin et de Cavaignac, ne seraient plus possibles avec une nécropole à six lieues; et, le 2 novembre dernier, M. Haussmann a dû prendre à la préfecture de police des notes secrètes en faveur de son projet. Ce motif est de ceux qu'on se gardera bien d'avouer, et l'on aura raison, non-seulement parce qu'il jurerait avec les belles explications mises en avant, mais encore parce qu'il n'a même pas la valeur que pourraient lui reconnaître les esprits timorés. Étrange naïveté de croire qu'il suffise de fermer une porte pour faire avorter une manifestation qui veut se produire! Comme si les prétextes pouvaient jamais manquer lorsque le vent souffle aux agitations populaires, promptes à revêtir toutes les formes, à saisir ou à créer toutes les occasions, à retrouver sur toutes les places publiques et à tous les coins de rue mille centres de réunion pour un !

Allons, que Paris se débarrasse de ses morts ! Qu'il jette au vent ces débris humains qui prennent la place de dix théâtres et de cent cafés, qu'il trace des boulevards et qu'il élève des casernes sur cette poussière d'ossements détrempée de larmes ! O ville cruelle, ville banale, ville oublieuse de ton histoire, de tes traditions, de ton âme, si tu laisses faire cela sans protester et sans résister jusqu'au bout, va, tu es bien digne d'être administrée par M. Haussmann ! Malheur à la génération frivole qui se détourne des tombes, où, comme on l'a si bien dit, sont les racines de la vie ! Que des athées, des matérialistes, des indifférents même, — ceux qui croient que l'homme en mourant ne fait que rendre ses atomes à la circulation commune, et accomplir ainsi le dernier acte du rôle pour lequel il a été créé ; — ceux pour qui tout regard au delà du corps et de la vie n'est qu'une recherche oiseuse et stérile, admettent avec empressement le projet d'enterrement mathématique et industriel que nous combattons, je le comprends : il semble fait tout exprès pour eux ! Quelques années encore, vous verrez qu'on complétera dignement le système, en inventant des machines pour enterrer à la vapeur ; et je ne désespère pas de voir luire une époque de progrès où, les derniers préjugés ayant disparu sous l'influence de la philosophie positive, les intelligences pratiques de l'Hôtel de Ville pourront réclamer, comme une annexe de Méry, l'établissement d'une usine pour la fabrication du noir animal[1] !

Que faire, et qu'y pouvons-nous ? Nous ne pouvons qu'être blessés au cœur, et le dire ; nous ne pouvons

[1] N'avons-nous pas lu tout récemment, dans plusieurs journaux, la

qu'avoir raison, et le prouver. — Mais qu'est-ce que cela? le cœur?... Un mot emphatique!... D'honnêtes bureaucrates, tout surpris, la main sur la poitrine et la plume derrière l'oreille, nous affirment qu'eux aussi ont un cœur, et qu'ils ne le sentent pas blessé. D'aimables journalistes, qui ont étudié la question dans les coulisses du Vaudeville ou de l'Opéra, jurent que nous faisons des phrases et que nous déclamons. Demain, on nous traitera d'énergumènes et de révolutionnaires! — Qu'est-ce que cela, avoir raison? Ce n'est rien, ou c'est pis que rien, car c'est parfois un tort. La raison, le bon sens et le bon droit sont suspects d'opposition, et l'arbitraire triomphant les range parmi les manœuvres des anciens partis. La vérité est que nous parlons à M. le préfet de la Seine une langue inconnue, dont les sons frappent son oreille sans arriver à son esprit. Il ne nous comprend pas, il ne sait ce qu'on lui veut. A un sentiment il répond par un chiffre (faux); à une protestation indignée il oppose un décret (apocryphe). Nous croyons trouver un homme, et nous ne rencontrons qu'un préfet.

Ah! la mesure est comble, elle déborde! Il est temps que cela finisse! Il est temps que ces perpétuels outrages à la loi, à l'opinion, aux souvenirs les plus chers, aux traditions les plus nobles, aux habitudes les plus sacrées, disparaissent devant le réveil de la conscience publique! Il est temps que cette autocratie véritablement insolente, qui nous poursuit jusque dans la mort, s'écroule enfin sous ses

facétie lugubre d'un prétendu ingénieur qui a trouvé le moyen d'utiliser les cadavres en les transformant en pierres de taille, par l'application d'un enduit de son invention? Cet enduit durcit dans le sein de la terre et, au bout de quelques années, il ne reste plus qu'un moellon. Chaque cimetière deviendrait ainsi une carrière, qu'on pourrait vider sans cesse et où les matériaux se renouvelleraient indéfiniment pour les besoins de Paris futur. Cette idée, digne de l'imagination d'un Edgar Poë, est bien caractéristique du temps présent, et elle a dû faire rêver plus d'un chef de division.

propres abus. — L'espoir que nous n'avions pas il y a quelques mois, nous commençons à le ressentir aujourd'hui. Un souffle nouveau s'est élevé, qui emporte tous les esprits dans le même courant généreux. On ne veut plus des hommes ni des procédés de l'arbitraire. Sous l'énergique pression morale d'une Chambre régénérée par les élections récentes et par le sentiment populaire, le gouvernement personnel semble vouloir abdiquer. Les mandataires du pays sont résolûment disposés à ressaisir tous leurs droits, et à ne plus livrer passage aux usurpations répétées d'une dictature municipale dont la longue tolérance de leurs prédécesseurs avait exalté l'audace et encouragé tous les excès. Ils achèveront leur œuvre vis-à-vis du seul homme qui perpétue encore au pouvoir, sous sa forme la plus despotique et la plus blessante, les habitudes d'un passé que la France a secoué comme un vêtement hors d'usage. Leur dignité les oblige à repousser un projet désastreux, conçu et poursuivi dans l'ombre, sans eux d'abord, malgré eux ensuite, et ils se souviendront, le jour venu, que la politique vraiment libérale est celle qui respecte le mieux, sur tous les points et dans toutes les questions, les coutumes, les principes et les sentiments enracinés au cœur de tout un peuple.

PARIS. — IMP. SIMON RAÇON ET COMP., RUE D'ERFURTH, 1.

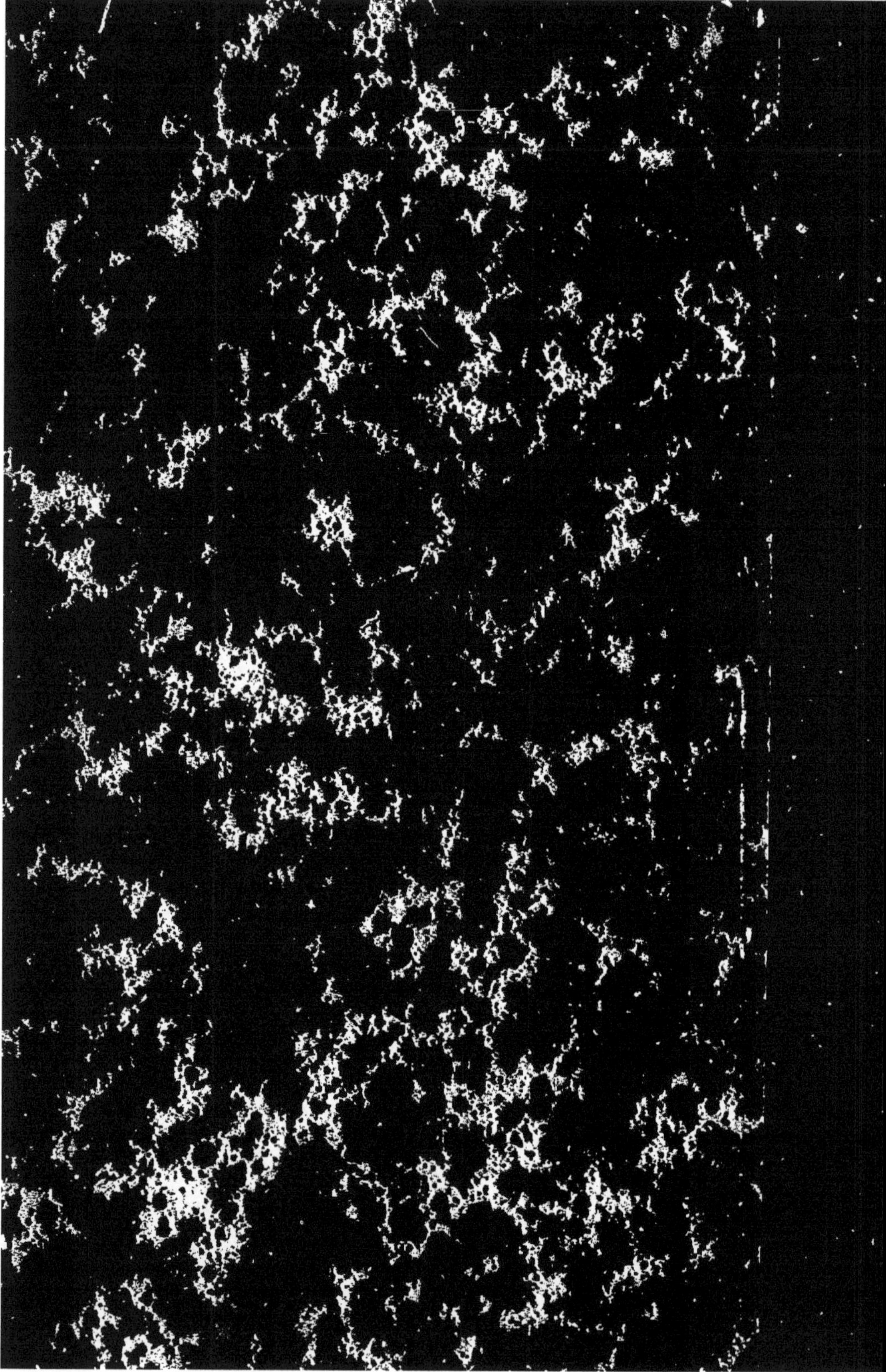

www.ingramcontent.com/pod-product-compliance
Ingram Content Group UK Ltd.
Pitfield, Milton Keynes, MK11 3LW, UK
UKHW020159200726
13856UKWH00003B/1092